Rudolf Müller

# Wir machen eine Schulzeitung

Unterrichtsprojekt Schulzeitung:
Von der Idee bis zum fertigen Blatt

Stolz Verlag, Düren
Edition Lendersdorfer Traumfabrik

## Allgemeiner Teil

| | |
|---|---|
| Eine Schulzeitung – wozu? | 7 |
| Wie man zu einer Schulzeitung kommt | 9 |
| Eine gut gemachte Schulzeitung | 10 |
| Erscheinungszeitraum und Umfang | 18 |
| Die Finanzierung der Schulzeitung | 20 |
| Soll man Schülertexte überarbeiten? | 22 |
| Kontakte zur örtlichen Presse | 24 |
| Themenliste für die Schulzeitung | 25 |
| Redaktionssitzungen | 27 |
| Die Honorierung der Schülerleistung | 30 |
| Pressegesetze – Spielregeln für Zeitungsmacher | 31 |
| Schulzeitung und Internet | 33 |
| Rubriken | 34 |
| Das Titelblatt | 37 |
| Das Interview | 42 |
| Schriftgröße und Schriftart | 45 |
| Illustrationen | 48 |
| Impressum und Inhaltsverzeichnis | 53 |
| Tipps für Chefredakteure | 54 |
| Die Herstellung nach dem Druck | 55 |
| Die Produktion der Schulzeitung (Schaubild) | 57 |
| Sprachübungen für junge Schulzeitungsredakteure | 58 |
| Zeitungsprojekt in der Schule | 60 |

**Kopiervorlagen** 63

**Anhang** 81

**Liebe Leserin, lieber Leser!**

Suchen Sie auch immer nach Zettelchen und irgendwo abgeheftetem Material, wenn Sie sich aus Überzeugung für die Leitung einer Arbeitsgemeinschaft mit einer Schülergruppe gemeldet haben – und diesmal sogar für eine Schulzeitungs-AG !?

Ich mochte nicht mehr suchen und habe deshalb angefangen zu sammeln. Alle meine Ideen für eine interessante und lohnenswerte AG stelle ich Ihnen hiermit in diesem Buch vor. Es sind meine Erfahrungen und die Ergebnisse eines intensiven Probierens über Jahre hinweg. Ich bin sicher, dass Sie beim Lesen dieses Buches und beim Arbeiten mit Ihrer Schülergruppe eigene und neue Einfälle verwirklichen werden. Nehmen Sie meine Anregungen und lassen Sie sich Mut machen für Ihre Aktivitäten auf einem Arbeitsgebiet, für das es nicht sehr viele beispielhafte Vorbilder gibt. Und eins ist sicher: sowohl den Schülern als auch Ihnen, dem Lehrer, wird das „Projekt Schulzeitung" viel Freude machen!

Fangen Sie gleich an!

*Rudolf Müller*

## Eine Schulzeitung – wozu?

In der Grundschule A häuften sich in den letzten zwei Monaten wichtige Ereignisse. Da wurde ein sehr beliebter Lehrer pensioniert, eine Referendarin bestand ihre Zweite Staatsprüfung mit der Note Eins, der Schulausschuss der Stadt erwog aus Kostengründen nun doch den geplanten Umbau der Turnhalle zu streichen, ein Schüler verunglückte auf dem Schulhof schwer und die Projektwoche über den Schriftsteller Michael-Ende war ein voller Erfolg. Schulalltag. Schulalltag?

Manches, was in der Schule geschieht, wird man gerne festhalten und in Schrift und Bild Lesern zugänglich machen wollen. Mein Lehrer schrieb in seiner Dienstzeit fleißig an einer Schulchronik, und viele sind heute dankbar für seine Aufzeichnungen. Da wird gesammelt, gesichtet und kommentiert, was eine Schule an Entwicklung erlebt und wie sie auf äußere und innere Einflüsse reagiert, wie sie sich wandelt, was sie prägt, wie sie durch die in ihr Arbeitenden und Lebenden – Schüler, Lehrer und Eltern – gestaltet wird.

Seit es unsere Schulzeitung gibt – zum jetzigen Zeitpunkt sieben Jahre – kann man an den gesammelten Ausgaben des Blattes all dies ablesen und zurückverfolgen – und das aus der Sicht aller beteiligter Gruppen.

> Die Schulzeitung ist zugleich auch eine wertvolle Chronik zur Entwicklung der betreffenden Schule.

Damit ist auch klar, dass unsere Schulzeitung keine reine Schülerzeitung ist wie man sie etwa vom Goethe-Gymnasium oder der E.-Stein-Realschule her kennt, in der Schüler aus dem Bereich der Stufen S I und S II sich mehr oder weniger gekonnt journalistisch versuchen und oft die Hauptarbeit im Sammeln von Anzeigen und Werbung besteht, damit die Finanzierung des Projekts gelingt. Was die Würdigung der ohne Frage meist gut gelungenen Beiträge und Denkanstöße nicht schmälern soll. Die Schwerpunkte für eine Grundschul-Schulzeitung liegen anders. Wie wollte man unseren Neun- und Zehnjährigen erklären, dass es die Tradition der Schule erfordert, sich hinzusetzen und über Schule, ihre Schule zu schreiben?

Und doch sind sie es, die in der Auseinandersetzung mit dem, was sie täglich am Vormittag beschäftigt, die farbigsten und vielleicht auch interessantesten Beiträge liefern. Schule ist für sie einer der wichtigsten Bereiche ihres Lebens. Das Problem dabei ist, dass sie in der Regel nur eine relativ kurze

> Schüler setzen sich mit dem auseinander, was sie bewegt.

# Eine Schulzeitung – wozu?

Die Schulzeitung soll und kann auch als journalistisches Erzeugnis einen Beitrag zur Öffnung von Schule leisten. Sie soll Außenstehende für Schule allgemein und speziell für die eigene Schule interessieren.

Zeit Redakteure sein können, weil sie nach dem 4. Schuljahr in die weiterführenden Schulen wechseln.

Folglich gehören da Kinder und Erwachsene an den Redaktionstisch, und so wird eine Schulzeitung (nicht Schülerzeitung!) zu einem einzigartigen Medium, in dem durch die Gestaltungsmöglichkeiten der Lehrer, Eltern und sonstigen Mitarbeiter gerade auch die Kinder angemessen zu Wort kommen können.

Die Schulzeitung soll und kann auch als journalistisches Erzeugnis einen Beitrag zur Öffnung von Schule leisten. Sie soll Außenstehende für Schule allgemein und speziell für die eigene Schule interessieren und wenn möglich den Stadtteil oder das Dorf mit einbeziehen.

Deswegen werden unsere Schüler-Redakteure auch an den Haustüren klingeln, die Bevölkerung über die Arbeit in der Schule informieren, um Unterstützung bitten, Interviews machen und Meinungen über Schule transportieren. Das machen nach unseren Erfahrungen Grundschüler gerne und motiviert – und sie lernen dabei.

*Für die Schulzeitung interessieren sich auch Personen, die nur indirekt mit Schule zu tun haben – vorausgesetzt, die Zeitung enthält für diesen Leserkreis ebenfalls Interessantes.*

Tatsächlich gibt es sie, die Frau X und den Herrn Z, welche ihre Tätigkeiten unterbrechen, um erst einmal in der soeben angekommenen Neuausgabe der Schulzeitung zu blättern, Neuigkeiten zu suchen, über dies und jenes nachzudenken. Ebenso tut es der Leiter des Schulamtes und der Schulrat. Voraussetzung ist natürlich, dass eine Schulzeitung gut gemacht ist. Und damit beschäftigt sich dieses Buch. Es soll gemachte Erfahrungen weitergeben, Materialien für die praktische Arbeit bereitstellen, vor allem eine starke Motivation liefern, es einfach auch einmal mit einer eigenen Schulzeitung zu versuchen.

Neben den bisher genannten Gründen für eine solche Arbeit gibt es nämlich noch eine Vielzahl anderer denkbarer Zugänge, z B. sucht eine Schule einmal eine andere als die bisherigen Arbeitsgemeinschaften, oder ein Elternteil arbeitet bei einer Zeitung und bringt so die besten Voraussetzungen mit, sich als Chefredakteur der Schulzeitung zu betätigen. Oder es gibt den Lehrer, der zwar schon pensioniert ist, aber doch noch mit einem großen Teil seines Herzens in der Schule verwurzelt ist und einer ehrenamtlichen Aufgabe dort nicht abgeneigt wäre ...

## Wie man zu einer Schulzeitung kommt

Wir kamen rein zufällig und unbeabsichtigt zu unserer Schulzeitung, die es nun seit sieben Jahren gibt.
Die Mutter eines Schülers machte auf der Suche nach einem Projekt für die Klasse den Klassenlehrer darauf aufmerksam, dass die regionale Presse eine Woche lang für jeden Schüler täglich eine Ausgabe der Tageszeitung zur Verfügung stellte. Sie erklärte sich bereit, dieses Projekt zu organisieren und zu begleiten. Sie schrieb schon damals gern und ist heute über diese Aktion zu einer wertvollen Mitarbeiterin der Schulzeitung geworden.

Die Zeitungswoche war ein voller Erfolg und brachte das Medium Zeitung einem Teil der Kinder so nahe, dass eine Schülergruppe der Klasse, die engagierte Mutter und der Klassenlehrer spontan beschlossen, weiterzuarbeiten und so war die Idee zu unserer Schulzeitung geboren. Aus der Initiative des 4. Schuljahres wurde eine Schulzeitungs-Arbeitsgemeinschaft und später eine Redaktion, bei der zur Zeit zwei Eltern, drei Lehrer und etwa 20 Kinder zusammenarbeiten.

Weil die Grundschule nun einmal nur vier Jahre dauert, gibt es einen jährlichen Wechsel in der Redaktion. Leider. Vor allem die Kinder bedauern das. Und neue Mitarbeiter müssen gefunden werden. Die Eltern wechseln in der Regel erst, wenn ihr Kind schon länger nicht mehr in der Grundschule ist. Es gab bisher nur zweimal einen Austausch bei den Eltern. Und bei uns ist der Gründungslehrer heute noch mit der gleichen Begeisterung dabei und sorgt auf diese Weise für die notwendige Kontinuität.

Ein Anstoß: Projekt „Zeitung in der Schule"

## Eine gut gemachte Schulzeitung

> Eine gute Schulzeitung muss nicht perfekt sein. Allerdings sollte sie ein gewisses Nivau haben. Um dieses zu erreichen und zu halten, ist es nötig, sich ständig der (konstruktiven) Kritik von außen zu stellen.

Wir wollen unsere Schulzeitung so machen, dass wir selbst mit dem Ergebnis zufrieden sind, aber auch den Ansprüchen der Leser gerecht werden. Eine gute Schulzeitung machen hat nichts mit einem übersteigerten Perfektionismus zu tun. Die Zeitung wird allerdings nur dann über längere Zeit existieren, wenn die Redaktion ständig ihre Ergebnisse überprüft und die selbstgesetzten Standards einhält. Ist einmal ein bestimmtes Niveau erreicht, wird man bestrebt sein, es zu halten. Dabei sind Rückmeldungen von Lesern äußerst wichtig, und zwar nicht von solchen, die es nur aus Höflichkeit mit einem „das habt ihr gut gemacht" tun, sondern – was am besten ist – wenn es in Leserbriefen geschieht, die sich mit dem Inhalt und der Form unserer Arbeit beschäftigen.

Bisher findet sich fast jedesmal für eine Ausgabe jemand, der zu einem Leserbrief bereit ist, manchmal können wir auch nicht umhin, für einen solchen Beitrag zu werben.

> Den Vergleich mit anderen nicht scheuen – er ist Ansporn, es noch besser machen zu wollen.

Eine weitere Möglichkeit, sich über den Stand der Qualität der eigenen Schulzeitung zu informieren, ist die Teilnahme an Schulzeitungswettbewerben, die zunehmend zu den Schülerzeitungen der weiterführenden Schulen auch meist in einer Sonderwertung Grundschulzeitungen berücksichtigen. Und natürlich ist auch der Vergleich mit anderen Schulen, die eine Schulzeitung machen, nicht schlecht. Oft veröffentlichen Schulen im Internet ihre Ausgaben. In Verzeichnissen von Grundschulen, die Internetanschluss haben, sind die Schulen besonders gekennzeichnet, die eine Schulzeitung herausgeben. Oft kann man auf Anforderung von ihnen ein Probeexemplar beziehen.

### Was verstehen wir nun unter einer guten Schulzeitung?

Wir wollen nicht, dass unsere Schulzeitung ein Zufallsprodukt ist. Es wird natürlich immer wieder wie bei der großen Zeitung zu unterschiedlich gut gelungenen und weniger erfolgreichen Ausgaben kommen. Einige „journalistische Grundsätze" helfen zu einer fundierten und planbaren Arbeit. Sie sind auch der Maßstab, an dem wir ständig überprüfen, ob wir gut gearbeitet haben.

Um eine gute Schulzeitung herausgeben zu können, wollen wir uns auf vier Grundsätze beschränken:

1. Wir bemühen uns so aktuell wie möglich zu sein.

*Was ist aktuell? Bei dieser Frage sind Vorlaufzeit und Erscheinungsdatum zu berücksichtigen.*

Aktualität ist ein besonderes Problem. Unsere Schulzeitung wird in größeren zeitlichen Abständen mit einer Ausgabe erscheinen. Das hängt damit zusammen, dass nur begrenzt Zeit zur Verfügung steht. Und eine Schulzeitung zu machen erfordert eben viel Zeit.

Bei einer umfangreichen, etwa 10 DIN-A 4 Seiten umfassenden Ausgabe haben wir vier Ausgaben pro Schuljahr festgelegt, so dass beim Erscheinungsdatum manche Artikel nicht mehr die notwendige Aktualität aufweisen. Aus diesem Grund ist schon bei der Planung einer Ausgabe darauf zu achten, was möglicherweise nicht aufgenommen werden kann. So wäre Judiths hervorragend gelungener Bericht über den Weihnachtsbasar zu Ostern ein unpassendes Thema oder das schöne Herbstbild von Marc im Frühling ein wenig geeigneter Beitrag. An anderer Stelle gehen wir auf den Elternbrief ein, der als kurzfristig erscheinendes Medium immer aktuellste Informationen bieten kann.

2. Wir berücksichtigen das Leserinteresse.

Dieser Grundsatz zielt auf Ausgewogenheit bei der Berücksichtigung der Erwartungen und Interessen unserer verschiedenen Adressaten. Das Hauptaugenmerk gilt dem größten Leserkreis, nämlich den Kindern unserer Schule. Aber auch schon hier müssen wir differenzieren. Lesefertigkeit von Schulanfängern und die anspruchsvolleren Interessen von Viertklässlern liegen schon sehr weit auseinander. Daneben wollen wir durch Lehrerbeiträge den Eltern regelmäßig einen Einblick in unsere Erziehungsarbeit geben. Lesern, die nicht unmittelbar mit dem Schulleben vertraut sind, bringen wir unsere Schule und ihre Anliegen näher. Umgekehrt kann die Schulzeitung ein Forum sein für gerade diese letzte Lesergruppe, sich zu aktuellen pädagogischen oder organisatorischen Fragen zu äußern. Wir haben es uns zur Aufgabe gemacht, in jeder Ausgabe alle drei Lesergruppen anzusprechen. Also gilt es auch jedesmal den beschriebenen Spannungsbogen auszufüllen.

Aktualität, Interessenbezogenheit, Wahrhaftigkeit und ansprechendes Layout kennzeichnen eine gut gemachte Schulzeitung.

Im Anschluss an dieses Kapitel über die Grundsätze findet sich ein Überblick über denkbare und vorstellbare Leserinteressen im Zusammenhang mit einer Schulzeitung.

3. Was wir schreiben ist gut recherchiert und hält jeder Nachprüfung stand.

Wer Zeitung macht, weiß, dass es nichts Ärgerlicheres gibt als nachgewiesene Falschberichte und Artikel, die aufgrund inhaltlicher Ungenauigkeiten nach ihrem Erscheinen korrigiert werden müssen. Unsere Redakteure lernen gründlich zu recherchieren und wahrheitsgemäß zu berichten. Wir drucken nichts ab, was nicht ein anderer Redakteur gegengelesen hat und in der Redaktionssitzung kritisch besprochen wurde.

Wir lernen, nicht empfindlich auf Korrekturen durch andere zu reagieren, vielmehr erfahren wir, dass diese Arbeitsweise vor Fehlern Einzelner schützt und Teamarbeit wertvoll macht. Unsere Zeitung gewinnt an Seriosität, unsere Arbeit wird mit einem guten Ruf des Blattes belohnt.

4. Inhalt und Layout stimmen überein. Wir bieten damit auch etwas für das Auge des Lesers.

Schließlich geben wir uns große Mühe bei der Feinarbeit in der Gestaltung unserer Zeitung. Die liebevolle Ausgestaltung bis ins Detail ist eine Sache der Übung. Wir stellen unsere Beiträge so zusammen, dass wir uns in die Lage des Lesers hineinversetzen, der unser Produkt durchblättert und es nicht schnell zur Seite legt, sondern Blatt für Blatt Dinge entdeckt, die ihm Freude machen. Das wird vor allem auch durch die äußere Form bestimmt. In unseren Redaktionsteams brauchen wir deswegen Mitarbeiter, die eine besondere Begabung für ein gutes Layout und geschickte Platzierung von Bild und Text und im Aufspüren von geeigneten Illustrationen haben. Hier dürften vor allem die erwachsenen Mitarbeiterinnen und Mitarbeiter gefragt sein, die aber auch die Vorstellungen der Kinder berücksichtigen.

Wenn wir unsere vier Grundsätze beim Zeitungmachen stets im Auge haben, kommen wir einer gut gemachten Schulzeitung sehr nahe. (siehe Kopiervorlage Seite 65)

LESERINTERESSEN UNSERER SCHULZEITUNG

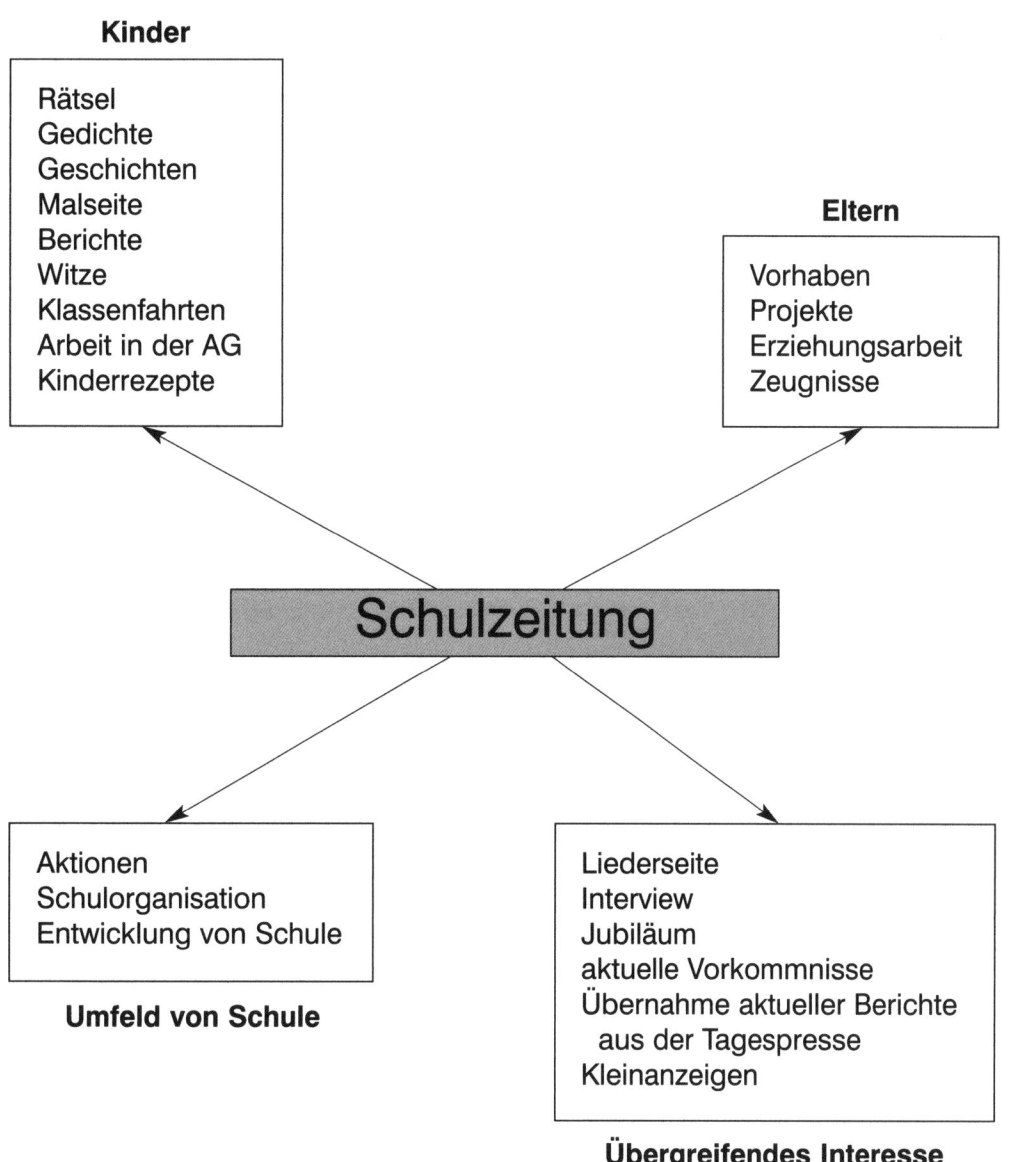

# 14 Eine gut gemachte Schulzeitung

*Was tun, wenn Kinder mit ihren Aufgaben, einen Beitrag für die Schulzeitung zu verfassen, überfordert sind? Wir besprechen das auch* mit *den Kindern selbst.*

Natürlich treten bei den jungen Redakteuren im Laufe der Arbeit verschiedene Probleme auf, die gelöst werden müssen. Manchmal hat jemand Schwierigkeiten, rechtzeitig mit einem Artikel fertig zu werden, manchmal fühlen sich die kleinen Schreiber mit der übernommenen Aufgabe überfordert. Die folgenden Texte können als Hilfen verstanden werden, die entweder bei aktuellen Problemen einsetzbar sind, aber auch als Diskussionsstoff in einer Redaktionssitzung besprochen werden können. Als Kopiervorlage sind sie einzeln im Anhang zu finden!

Ich schaffe meinen Artikel nicht rechtzeitig

Sonja wollte einen Artikel für die Schulzeitung schreiben. Sie hatte sich gemeldet, um über die interessanten Sachunterrichtsstunden aus der Ritterzeit in ihrer Klasse zu berichten. Sonja hatte zwei Wochen Zeit dazu. In der ersten Woche hatte sie es immer aufgeschoben, weil der Abgabetermin ja noch weit weg war. Dann musste sie zum Arzt und am nächsten Tag mit ihrer Tante Kleider kaufen. Gestern sagte Mutter: „Du übst heute zuerst für das Diktat und morgen für die Mathe-Arbeit. Der letzte Test war eine wackelige Vier. Ich helfe dir beim Üben."

Morgen soll Sonja ihren Artikel abgeben, aber sie hat noch keinen einzigen Buchstaben geschrieben. Beim letzten Artikel in der vorigen Ausgabe ging es ihr beinahe genauso. Was soll Sonja tun?

„Das will doch keiner lesen!"

Christian schreibt eine Abenteuergeschichte für die Schulzeitung. Er findet sie selbst spannend und ist stolz, weil sie ihm gut gelungen ist. Er gibt sie seiner Mutter zum Lesen.
Die aber meint, er soll noch einmal von vorne anfangen.
Das würde doch keiner lesen wollen. Es höre sich so nach Fernsehen an.
Und Oma, die regelmäßig die Schulzeitung liest, meint, sie würde auch lieber etwas anderes lesen.

Was soll Christian tun?

Gespräche mit den Nachbarn

Kathrin hat die Aufgabe, drei Nachbarn der Schule die Zeitung zu bringen. Bei Familie Richter, Hausnummer 17 ist niemand zu Hause, meistens. Da steckt sie die Schulzeitung in den Briefkasten.

Herr Meier ist Rentner. Er wohnt der Schule gegenüber, Haus Nr. 20. Jedesmal wenn sie dort klingelt und die Zeitung mit einem freundlichen Gruß von der Schule abgibt, steckt er ihr 3 Euro für die fleißigen Redakteure in die Tasche.

Daneben wohnt Frau Welter, eine ältere Dame mit einem ständig bellenden Dackel. Sie bittet Kathrin herein und erzählt, was ihr in der letzten Ausgabe gut gefallen hat. Dann möchte sie aus ihrer eigenen Schulzeit erzählen. Das dauert meistens lange. Kathrin hat wenig Zeit und der Hund bellt in einem fort, dass man sowieso kaum etwas versteht.

➦ Sprecht über Kathrins Erfahrungen an den Haustüren!

➦ Welche Erlebnisse hattet ihr beim Weitergeben der Schulzeitung?

➦ Wie höflich sollte ein Redakteur sein?

➦ Könnte man die Zeitung auch mit der Post schicken?

➦ Sollte sie besser der Schulleiter abgeben?

➦ Warum sollen Nachbarn die Schulzeitung überhaupt bekommen?

Wir erarbeiten die wichtigsten journalistischen Grundsätze gemeinsam mit den Kindern.

Die vier Grundsätze – für Kinder formuliert

Weil wir unsere „journalistischen Grundsätze", die unser wichtigstes Werkzeug sind, auch mit den jungen Schulzeitungsredakteuren erarbeiten und stets darauf zurückgreifen wollen, ist es notwendig, die vier Punkte so zu formulieren, dass Kinder sie verstehen.
Die nachstehenden, aus dem vorherigen Kapitel umformulierten Grundsätze, können wir ab Seite 65 als Kopiervorlagen wiederfinden.

Grundsatz 1: Eine Zeitung bringt Neuigkeiten

Unsere Leser möchten Dinge erfahren, die nicht weit zurückliegen. Wir suchen deswegen Berichte und Beiträge aus, die zur Jahreszeit passen. Abgedruckt wird also, was möglichst für alle Leser neu ist und was nicht schon jeder vor Monaten selbst wusste.

Der Bericht über die Klassenfahrt der 4b von letzter Woche passt gut. Er ist aktuell, auch die Information über eine Ausstellung, die die Töpfer-AG plant.
Die Weihnachtsgeschichte zu Ostern lassen wir weg, auch wenn sie sehr schön gelungen ist.

Grundsatz 2: Wir haben sehr verschiedene Leser und bringen für jeden etwas.

Ist für jeden, der unsere Zeitung zu lesen bekommt, etwas drin? Eine Zeitung voller Witze würde langweilig, und was könnte Sabine aus der 1. Klasse mit Kleinanzeigen anfangen? Wenn wir etwas über unser Hobby schreiben, wen interessiert das? Wir verteilen unsere Beiträge so, dass jeder von unseren Lesern Freude an unserer Zeitung hat.

Und das sind unsere Lesergruppen:
- ganz junge Kinder aus dem 1. und 2. Schuljahr,
- größere Kinder aus dem 3. und 4. Schuljahr,
- Geschwister ab Klasse 5,
- Eltern,
- Lehrer und Schulnachbarn.

Grundsatz 3: In der Zeitung steht nur, was stimmt.

Haben wir geprüft, ob alles, was wir schreiben auch wirklich so ist? Bei Berichten, Interviews und Informationen darf nichts abgedruckt sein, was unrichtig ist – sei es mit Absicht oder auch deswegen, weil wir nicht gut nachgefragt haben. Wir müssten uns später entschuldigen oder von unseren Lesern sagen lassen, dass wir nicht genau genug arbeiten. Beim Beruf des Redakteurs ist das ein sehr wichtiger Punkt. Damit keine Falschberichte abgedruckt werden, lassen wir unseren Artikel von einem anderen Redakteur lesen und besprechen alles noch einmal in der Redaktionssitzung. Wer etwas ändern muss, ist nicht beleidigt.

Grundsatz 4: Die Schulzeitung kann ein kleines Kunstwerk sein.

Nicht nur das Schreiben ist wichtig. Wir wollen eine Zeitung machen, die wie ein kleines Kunstwerk aussieht. Da darf zum Beispiel die Schrift nicht zu klein sein, es sollen sich Texte und Bilder abwechseln. Die Seitenzahlen sind ebenso wichtig wie anregende und gut lesbare Überschriften, ein Inhaltsverzeichnis und Zeichnungen. Am besten wäre es, wenn manche unsere Schulzeitung so schön finden, dass sie anfangen, die Ausgaben zu sammeln.

> Zu knappe Erscheinungsintervalle ziehen ein sinkendes Niveau nach sich – der Arbeitsdruck ist zu groß.
>
> Weniger als vier Ausgaben pro Jahr sind jedoch ebenfalls nicht optimal.

## Erscheinungszeitraum und Umfang der Schulzeitung

Zu der Frage, wie viele Ausgaben pro Jahr man planen soll, lässt sich nur schwer eine Empfehlung aussprechen. Hier muss man ausprobieren und das richtige Maß für die Schule finden. Wichtig ist eine gewisse Regelmäßigkeit, wobei am Anfang gewiss auch sporadische Ausgaben denkbar sind, bis sich die günstigsten Intervalle herauskristallisiert haben. Viele Ausgaben erzeugen einen stärkeren Arbeitsdruck. Umgekehrt dürften nur eine oder zwei Ausgaben im Jahr einerseits zu wenig „Zeitungserfahrung" für die Redakteure bedeuten, die ja nur in einem zeitlich sehr geringen Rahmen mitarbeiten können. Andererseits wird für die Leser dabei der Abstand zwischen den Ausgaben so groß, dass ein „Zeitungscharakter" bei dieser langen Spanne verloren geht.

An unserer Schule wurden vier Ausgaben pro Jahr als die passende Anzahl für diese Schule und für diese Redaktion herausgefunden und nun seit mehreren Jahren mit Erfolg durchgehalten. Unsere Schulzeitung erscheint also in einem nicht zu engen Abstand vor den Osterferien, den Sommerferien, im Frühherbst und vor Weihnachten. Wenn eine Ausgabe nur wenige Tage vor einer größeren Pause (z. B. vor den Sommerferien) erscheint, ist das nicht vorteilhaft, weil so kaum eine Gelegenheit besteht, Reaktionen zu überdenken. Die Redaktion kann sich nach Abschluss der Ausgabe nicht rückblickend mit der eigenen Arbeit beschäftigen, was jedoch sehr notwendig ist. Die Erfahrung zeigt, dass gegen Ende der Erarbeitungsphase unter großem Stress gearbeitet und die Ausgabe oft erst auf den „letzten Drücker" ausgeliefert werden kann. (Da unterscheidet sich die Schulzeitung in keiner Weise von ihren „großen Schwestern"!)

Schuld daran ist nicht etwa die schlechte Planung des Chefredakteurs, sondern die zu spät eingereichten Beiträge (oft, und das muss mir gestattet sein zu sagen, sind es die Lehrer selbst, deren Texte fehlen und welche die besten Ausreden liefern ...). Veranstaltungen in der Schule, z. B. in der Vorweihnachtszeit oder zum Schuljahresabschluss, an denen Redakteure beteiligt sind, belasten das Zeitkontingent. Manchmal müssen Redaktionssitzungen ausfallen, weil Schülerredakteure auf Klassenfahrten unterwegs sind. Auch in diesem Punkt gibt es für den oder die Verantwortliche der Schulzeitung eine ziemliche nervliche Belastung, zusätzliche Arbeit und stets die Notwendigkeit, die freiwillig arbeitenden

Redakteure nicht zu überfordern und mit wenig „Druck" auszukommen.

Was den Informationsfluss betrifft: Unsere Schulleitung gibt einen kurzen, monatlich erscheinenden Elternbrief heraus, der Termine, Vorhaben, Neuigkeiten usw. mitteilt. Dies stellt in keiner Weise eine Konkurrenz zu unserer Schulzeitung dar, sondern ist eine hervorragende Ergänzung. So arbeiten auch die Redakteure des Elternbriefs und der Chefredakteur der Schulzeitung zusammen und sprechen die Inhalte ab. Ein Muster eines Elternbriefes liegt im Anhang vor.

Für den Umfang unserer Schulzeitung gilt Ähnliches wie für die Erscheinungsintervalle. Da sie kein reines Informationsblatt sein will, lebt sie von der Vielfalt der Beiträge und dem bewussten Eingehen auf verschiedene Leserinteressen und Leserbedürfnisse. Das bedingt auch einen etwas größeren Seitenumfang. Weil nun aber eine sehr umfangreiche und aufwendige Schulzeitung auch finanziert werden muss, sind wir auf der Suche nach dem Machbaren für die jeweilige Schule. Unsere ersten Ausgaben waren natürlich recht dünn, bis wir wussten, welche Inhalte aufgenommen werden sollten und mussten. Schnell entstand die Notwendigkeit, den Seitenumfang zu vergrößern. Sollten ständig alle vorliegenden Beiträge auch abgedruckt werden, müsste unsere Schulzeitung regelmäßig an Umfang zunehmen. Also beschränken wir uns und haben andererseits keine Sorgen, das Material könnte uns ausgehen.

Wir haben einen Umfang von 10 DIN-A4-Seiten pro Ausgabe festgelegt, die in der Mitte gefaltet eine bedruckbare Fläche von 20 DIN-A5-Seiten ergeben. Das ist bei den von uns erarbeiteten Rubriken ein ausreichender Umfang und lässt dem Leser das Gefühl, eine gediegene Arbeit in der Hand zu haben, wobei man schon berücksichtigen muss, dass die Titelseite, das Inhaltsverzeichnis, Impressum und eventuelle Anzeigenteile den redaktionell zu erarbeitenden Anteil reduzieren.

---

*Bevor man den Umfang der Schulzeitung festlegt, überprüft man die Machbarkeit des Vorhabens. Eine Schulzeitung kostet nicht nur Engagement, sondern vor allem auch Geld!*

Bevor es losgeht, muss kalkuliert werden: Papier- und Druckkosten, grafische Gestaltung, Computerprogramme für den Satz, Kopierer, Drucker, Tonerkosten, Scanner ...

**Die Finanzierung der Schulzeitung**

Wer eine gute Schulzeitung macht, muss mit einigen Kosten rechnen. Das dürften in erster Linie Herstellungskosten sein. Natürlich erstellen wir keine Hochglanzbroschüren mit farbigem Druck.

Unser Rechenbeispiel:
Bei einer Auflage von 300 Exemplaren (für eine 2-zügige Schule und die vielen Nebenabonnenten zuzüglich der Belegexemplare und Archivierung) werden bei den 10 Seiten DIN A4 (= 5 Blatt) pro Ausgabe etwa 1 500 Blatt Papier gebraucht, im Jahr sind das bei vier Ausgaben rund 6 000 Blatt Papier. Wer auf weißem Papier druckt, hat eine wesentlich höhere Rechnung. Wir benutzen weder diese Qualität – denn das graue Umdruckpapier ähnelt viel eher dem einer gewöhnlichen Zeitung – noch können wir uns bei doppelseitigem Druck gar die Kosten für ein Kopierverfahren leisten. Zum Glück verfügt die Schule (in einem Schulzentrum) über eine Offset-Druckanlage (Risograph) und hat einen sehr willigen Hausmeister, der bereit ist, solche Mengen schon einmal nach seinem Feierabend zu drucken, wenn die Druckvorlagen nicht rechtzeitig fertig werden.

Diese drei Faktoren – billiges Papier, Umdrucker und Personal zum Drucken – helfen uns enorm Geld sparen. Über die Lehrer- und Schulkonferenz sorgen wir für die Berücksichtigung von Mitteln für die Schulzeitung schon bei der Erstellung des Haushaltsplans, also werden erhöhter Papierbedarf und Anteile am Druckgerät für uns einkalkuliert.

Als weitere Finanzquelle bietet sich der Förderverein an, der dann auch unsere Dienste für seine Veröffentlichung und Vereinswerbung in Anspruch nehmen kann. Der Förderverein deckt bei unserer Schulzeitung außer einem Zuschuss für die Herstellung von 2 Ausgaben im Jahr vor allem die Kosten für PC-Anwendungen (spezielle Graphikprogramme) und Stempelmaterial (siehe Kapitel „Illustrationen" Seite 48) sowie Material für die Heftung ab.

Und was ist mit der Finanzierungsmöglichkeit über Anzeigenwerbung?

Bewusst möchten wir unsere knappe Fläche nicht mit Werbung von Firmen und Sponsoren füllen, was natürlich auch eine Finanzierungsquelle wäre. Doch die zusätzliche Arbeit beim Hereinholen und Verhandeln über Anzeigenpreise und der Mehraufwand für die grafische Gestaltung könnte unter Umständen unsere Zeitungsproduktion sogar verteuern.

Aus der Gründungszeit unserer Schulzeitung ist eine einzige Anzeigenseite übriggeblieben, auf der ein Kreditinstitut werben darf und uns dafür regelmäßig unterstützt.

Wer über all die geschilderten Möglichkeiten nicht verfügt, sollte sich an den Schulträger wenden. Bei gelegentlichem Ausfall unserer Druckanlage war die Druckerei der Stadtverwaltung bereit, kurzfristig eine Ausgabe zu erstellen. Dann steht allerdings der Chefredakteur am besten neben dem Drucker, um zu sortieren und auf die Reihenfolge der Druckseiten zu achten!

Und es gibt neue Fragen bei der Art dieser Herstellung:

– Wer bringt und holt das Papier?

– Wer führt die Verhandlungen mit der Stadtverwaltung?

– Wann ist die Zeit für solch ein Herstellungsverfahren vorhanden?

Eine sorgfältige Überarbeitung der Schülerbeiträge, besonders auch im Hinblick auf Rechtschreibung und Stil, ist unumgänglich.

Absolutes Muss: Alle Änderungen werden mit dem Verfasser abgestimmt.

**Soll man Schülertexte überarbeiten?**

Jens aus dem 3. Schuljahr will unbedingt in der Redaktion mitarbeiten. Vor allem deswegen, weil sein Freund Thomas ein recht beliebter und fähiger Redakteur ist. Nun gehört er zu den Kinder, die schnell an die Grenzen ihrer sprachlichen Fähigkeiten gelangen und die Ergebnisse seiner Schreibversuche kaum brauchbar sind. Bei den Redaktionssitzungen meldet er sich regelmäßig für einen Artikel. Da er am liebsten alleine arbeiten will, haben wir uns mit ihm geeinigt, dass er die erste Fassung liefert, der eine Überarbeitung mit ihm zusammen folgen soll. Das findet Jens gut. Auch bei den sprachlich geschickteren Schülern kommen in den Originalbeiträgen häufig Fehler vor. Die Erstfassungen der Artikel werden handschriftlich abgegeben (inzwischen versuchen sich einige Kinder auch schon zu Hause am Computer oder benutzen den PC, der uns für die Schulzeitung zur Verfügung steht), also muss ohnehin eine druckfertige maschinengeschriebene Fassung gemacht werden. Das besorgt einer der erwachsenen Redakteure und beseitigt dabei Rechtschreibfehler und stilistische Unebenheiten. Da der Name des Verfassers oder der Verfasserin unter dem betreffenden Artikel steht, werden die Veränderungen und Fehlerberichtigungen mit den Verfassern besprochen. Meist geschieht dies im Anschluss an die Redaktionssitzungen. „Sieh mal, Jens, ich habe da bei deinem Artikel diese Stelle verändert. Bist du einverstanden?" Er ist es in der Regel immer.

Wenn die Beiträge zur Schulzeitung in der Rechtschreibung einwandfrei und stilistisch gut sein sollen, hat der Chefredakteur natürlich eine Menge Arbeit damit.

Beispiele für Veränderungen

Der Originaltext von Jens über einen Ausflug:

*Bei unser Fart nach Zoo war es kein guts Weter. Wir waren nach Köln. Mit einem bus unt unsere Paralklasse. Wir haben uns ale Tiere angesaut und bei Flütter von den SeeLöwen fiel spas gehabt. Die Löwen gebrült und eine grose Porzion Fleisch bekommen. Das Aquarium war nicht so interessant für mich. Ich mag grose Tiere. Als die Elefanten baden dürften sind wir ale nas geworn.*

*Jens*

Mit Jens zusammen haben wir den Text überarbeitet. Es kam diese Version zustande:

*Kurz vor den Ferien fuhren meine Klasse (3a) und die Parallelklasse mit Herrn S. nach Köln in den Zoo. Wir fuhren mit dem Bus und hatten leider kein gutes Wetter auf der Hinfahrt. Später schien die Sonne.*
*Als unser Klassenlehrer die Eintrittskarten löste, waren wir schon auf die Tiere gespannt. Es konnte nicht jeder loslaufen. Die Klasse musste zusammenbleiben. Bei unserem Rundgang durch den Zoo haben wir uns alle Tiere angeschaut. Die Seelöwen wurden gerade gefüttert. Da hatten wir viel Spaß. Sylvia hatte Angst, als die Löwen im Raubtierhaus brüllten. Sie bekamen vom Tierpfleger eine große Portion Fleisch. Am liebsten wäre ich nicht in das Aquarium gegangen, weil mich Fische nicht interessieren. Ich mag lieber die großen Tiere. Deshalb freute ich mich über das Elefantenbad sehr. Der große Elefantenbulle planschte so wild, dass wir fast alle nass wurden.*

*Jens*

Durch die gemeinsame Überarbeitung gewinnen nicht nur die Texte an Farbigkeit und Lesbarkeit, auch der Schüler selbst profitiert eine ganze Menge davon.

Emrullah, ein türkischer Junge, der sehr fantasiereich schreibt, aber mit grammatischen Schwierigkeiten kämpft, liefert seine Ostergeschichte computergeschrieben, jedoch ebenfalls mit der Notwendigkeit, sie zu überarbeiten:

*Fritz rettet Ostern*

*Fritz, der Hase wartet auf Ostern. Er sieht ein Höhle und tritt hinein. Da ist dunkel. Er entdeckt kleine Glühwürmer und setzt sie auf Kopf. So kann er besser sehen. Auf Boden er erkennt Ostereier und Fußspuren. Da bemerkt er, dass seine Ostereier sind. Fritz verfolgt Fußspuren. ...*

Wir berichten über die örtliche Presse, die Presse berichtet über die Aktivitäten der Schule, insbesondere über die Schulzeitung.

## Kontakte zur örtlichen Presse

Weil wir eine Zeitung machen und als Zeitungsmacher ernst genommen werden wollen, haben wir einen guten Kontakt zur örtlichen Presse. Durch sporadische Berichte über Schulfeste und Projekte in der großen Zeitung kennen wir meist die zuständigen Redakteure. Diese waren gewiss schon zu verschiedenen Anlässen in der Schule. Diese Kontakte gilt es zu nutzen und auszubauen. In den meisten Fällen sind die Zeitungen sehr an der Schulzeitungsarbeit interessiert. Besuche mit der gesamten Schulzeitungsredaktion in der Lokalredaktion der Tageszeitung sind fester Bestandteil der Erfahrungen, die ein junger Schulzeitungsredakteur während seiner Grundschulzeit machen darf.

Aufgeteilt in kleinere Gruppen haben wir zum Beispiel die Gelegenheit, am Bildschirmplatz eines „echten" Redakteurs die Verarbeitung einer Meldung zu einem fertigen Artikel mitzuverfolgen. Geduldig werden alle unsere Fragen beantwortet. Ein sehr geschickter Schulzeitungsredakteur an unserer Schule durfte einmal einen Artikel selbst gestalten und deswegen auch mit seinem Namen zeichnen. Redaktionsbesuche in der Lokalzeitung liefern viel Stoff für unsere Schulzeitung. Umgekehrt bot uns eine örtliche Zeitung an, eine ganze Seite über unsere Schule zu schreiben. Auch unsere Fotos dazu wurden veröffentlicht. Die Artikel zu dieser Seite schrieben die Kinder am Computer in der Redaktion und erlebten die Überarbeitung durch die erfahrenen Redakteure live mit. Die gute Zusammenarbeit mit der örtlichen Presse führte auch zu mehrfachen Besuchen von Redakteuren der großen Zeitung in unsere Schulzeitungsredaktion. Daraus entstanden für unser Blatt einige sehr interessante Interviews.

Man bekommt über die große Zeitung nicht selten auch gutes Filmmaterial über die Herstellung der Tageszeitung, und wenn man Glück hat, vermittelt jemand den Besuch in einer Setzerei oder der Rotationsstraße, wo der Druck beobachtet werden kann. Sehr interessiert zeigte sich unsere Tageszeitung am Projekt „Zeitung in der Schule". Wir bekamen kostenlos unsere benötigten Exemplare und konnten darüber in der Schulzeitung berichten.

Im Anhang finden sich Vorschläge für eine Zeitungswoche mit einer Klasse.

Tipps und praktische Hilfestellung dürfen wir in der Regel von der örtlichen Presse erwarten. Nicht zögern, Kontakt aufnehmen!

**Themenliste für die Schulzeitung**

THEMENLISTE FÜR SCHÜLERBEITRÄGE

- Malseite *(z.B. ein Mandala zum Ausmalen)*
- Rätselseite *(Rätsel von Kindern für Kinder)*
- Liederseite *(Was wir in der Schule singen)*
- Projektseite *(Berichte aus dem Unterricht)*
- Interviewseite
- Kinder kochen *(Rezepte für Kinder)*
- Witze für Kinder
- Kleinanzeigen
- Leserbriefe
- Geschichten von Kindern
- Seite einer Lehrerin/eines Lehrers
- Berichte aus dem Schulleben
- Berichte aus der Tageszeitung über die Schule und Personen

THEMENLISTE FÜR ELTERNBEITRÄGE

- Schulwegfragen
- Elternlotsendienst
- Berichte, Anregungen über die Schülerbücherei
- Hausaufgabenthemen
- Als Mutter auf der Klassenfahrt
- Aus der Schulzeit der Elterngeneration
- Betreuung in der Schule
- Erfahrungen aus der Schulmitwirkung
- Förderverein
- Benutzung des Schulhofs
- Pinnwand für Eltern in der Schule
- ..........................

THEMENLISTE FÜR LEHRERBEITRÄGE

– Ausstattung der Schule

– Neue Unterrichtsformen

– Probleme beim Wochenplan

– Unsere zu kleine Klasse

– Sportunterricht und Sicherheit

– Ordnung in der Klasse

– Gleitender Schulanfang

– Warum wir ein Klavier brauchen

– Lernen mit Computer

– Saubere Hefte

– Diktatberichtigung zu Hause

– Frühstück in der Klasse

– ..............................

## Redaktionssitzungen

Meistens wird sich die Redaktion der Schulzeitung aus klassenübergreifenden Schülergruppen zusammensetzen. Deswegen suchen wir im Stundenplan eine Doppel-Eckstunde für unsere wöchentliche Redaktionssitzung. Für Besprechungen reichen zwar auch einstündige Treffen aus, doch wenn man an Textarbeit und Fertigstellung denkt, was gemeinsam mit der ganzen Gruppe erfolgt, brauchen wir mehr Zeit.

Redaktionsarbeit der Schulzeitung ist Unterricht und schulische Veranstaltung. Ein Lehrer wird also verantwortlich die Aufgaben des „Chefredakteurs" übernehmen, planen und für das gesamte Projekt verantwortlich sein. Bei uns fällt die Zeit für seine Arbeit wie bei Arbeitsgemeinschaften in das Pflichtstundensoll. Andere Möglichkeiten sind auch denkbar.

Redaktionssitzungen haben unterschiedlichen Charakter. Die Planung der Zusammenkünfte richtet sich nach dem Stand der Ausgabe, die gerade entsteht. Die einzelnen Phasen wiederholen sich regelmäßig, wenn man vier Ausgaben pro Jahr in etwa vierteljährlichen Abständen herausgibt.

Grob gesehen unterscheiden wir folgende Schritte:

1. Planung der neuen Ausgabe:
Erscheinungsdatum, jahreszeitlicher Schwerpunkt, aus dem letzten Zeitraum aufgeschobene Inhalte.

2. Festlegen der Rubriken:
Verteilen der Schreib-Aufgaben – wer übernimmt welchen Teil? Die Aufgaben werden in eine Tabelle eingetragen (siehe Kopiervorlage S. 78). Die Tabelle wird für alle Redaktionsmitglieder kopiert.

3. Individuelle Hilfen
Beim Schreiben, Durchsprechen von Inhalt, Form und Länge der Artikel helfen wir einander gegenseitig. Der Chefredakteur kümmert sich um Einzelfälle. Der Abgabezeitpunkt der einzelnen Aufgaben wird festgelegt.

*Die Redaktion setzt sich zusammen aus allen Schülern und Lehrern, die ständig an der Schulzeitung mitarbeiten.*

*Für eine Redaktionssitzung brauchen wir Zeit – am besten eine Doppelstunde.*

### 4. Schreiben
Die Redakteure arbeiten zu Hause oder in der Schule an ihren übernommenen Aufgaben.

### 5. Sammeln und Überarbeiten
Der Chefredakteur sammelt die fertigen Beiträge und beginnt mit dem Überarbeiten.

### 6. Sprachliche Arbeit
In dieser Phase ist in den Redaktionssitzungen Zeit für sprachliche Arbeit und gezielte Übungen, die Handwerkszeug für die jungen Redakteure bereitstellen (siehe Kopiervorlagen ab S. 63).

### 7. Überarbeitung im Plenum
Alle abgegebenen Beiträge liegen vor. Im Plenum werden die Arbeiten vorgestellt und kritisch gewürdigt. Manches muss evtl. noch einmal überarbeitet werden.

### 8. Titelblatt
Das Titelblatt wird besprochen und bearbeitet (Seite 37 ff).

### 9. Zusammenstellen der Ausgabe
Nun werden die einzelnen Beiträge zu einer Zeitung zusammengebaut und platziert. Dazu gehen wir folgendermaßen vor: Eine leere Zeitung von 5 DIN-A4-Blättern zu einem DIN-A5-Heft zusammengefaltet dient dazu, die Beiträge anzuordnen und einzutragen. Die sinnvolle Reihenfolge der Artikel wird diskutiert. Manches hat seinen festen Platz und wird zuerst eingetragen. Auf die Mischung für verschiedene Lesergruppen wird geachtet und die Seitenzahlen werden eingetragen.

### 10. Illustrationen
Ein Teil des Teams kümmert sich um die Illustration. Vorhandene Bilder und Graphiken werden ausgesucht, noch fehlende werden erstellt.

11. Zusammenbauen der Druckvorlage
Nun werden die einzelnen Bausteine zusammengebaut. Das ist die mühsamste Arbeit und erfordert viel Konzentration, einen guten Kopierer und Klebematerial. (Oft bewerkstelligt diesen Teil der Chefredakteur abends alleine zu Hause!)

12. Probedruck
Unsere fertige Ausgabe wird angedruckt und der Probedruck korrigiert. Danach kann alles gedruckt werden. Hoffentlich wird die Zeitung rechtzeitig fertig!

13. Herstellung nach dem Druck
Die Mitarbeit aller Redaktionsmitglieder ist nun gefordert. Einzelne Arbeitsschritte sind in einem eigenen Abschnitt beschrieben.
Die neue Ausgabe wird an die Leser ausgeliefert und verteilt.

14. Nacharbeit
Die Redaktionsmitglieder schauen die fertige Zeitung durch und tauschen sich über das Ergebnis aus. Mit vorherigen Ausgaben wird verglichen. Haben wir unseren Standard gehalten? Ist eine besondere Ausgabe gelungen oder zählt sie eher zum Mittelmaß? Feedbacks werden diskutiert und der eigene Einsatz überprüft. (Dazu gibt es in diesem Buch auch Diskussionshilfen zu bestimmten Problemen, die Kinder während des gesamten Prozesses haben könnten. (Einige beispielhafte Kopiervorlagen finden Sie ab Seite 63 in diesem Buch.)

Manchmal stehen wegen Ferienunterbrechungen oder anderen Schulveranstaltungen nur wenige Wochen zur Verfügung, in denen eine Ausgabe fertig werden soll. Deswegen müssen die einzelnen Arbeitsschritte sorgfältig geplant werden, und oft geht es nicht ohne ein Zusammenfassen verschiedener Arbeitsschritte.

Zur eigenen Planung hilft ein Raster, das einen Überblick über vorhandene Zeit und zu bewältigende Arbeit vermittelt (siehe Kopiervorlage S. 78).

Die regelmäßige Mitarbeit an der Schulzeitung sollte jedem „Schulzeitungsredakteur" auf dem Zeugnis bescheinigt werden.

## Die Honorierung der Schülerleistung
Zwei Jahre Schulzeitungsredakteur

Susanne, Tamara, Jens, Dennis und viele andere haben zwei Jahre lang als Schulzeitungsredakteure mitgearbeitet. Einige sind Spezialisten in „ihrer" Rubrik geworden und sie freuen sich mächtig über jede neu fertig gewordene Ausgabe, die ihr Werk ist. Vor allem wegen der gezielten sprachlichen Übungsarbeit in der Redaktion zeigen sie auch eine deutliche Steigerung im Handwerk eines Schulzeitungsredakteurs. Nach diesen zwei Jahren bestätigen sie, viel gelernt zu haben. Ihr Einsatz und ihre Zuverlässigkeit machen dem Chefredakteur sichtlich Freude. So wäre das gelegentlich spendierte Eis oder eine andere kleine Aufmerksamkeit gewiss zu wenig an Anerkennung am Ende ihrer Laufbahn in der Grundschule. Alle Kinder-Redakteure der Schulzeitung erhalten nach Konferenzbeschluss auf dem Zeugnis einen Vermerk, der die Mitarbeit entsprechend honoriert und sie als besondere Leistung ausweist.

Emrullah ist stolz auf den Hinweis in seinem Zeugnis, den er unter der Spalte Bemerkungen entdeckt:

„Er hat mit großem Erfolg in der Schulzeitungredaktion mitgearbeitet, fleißig Artikel selbständig verfasst und gelernt, wie man eine Schulzeitung macht."

Die besondere Leistung kann zusätzlich zum Zeugniseintrag auch durch eine eigene Urkunde gewürdigt werden. Ein Vorschlag dazu befindet sich im Anhang.

**Pressegesetze – Spielregeln für Zeitungsmacher**

Die gibt es, und der Staat kontrolliert sie. Jedes Bundesland hat ein eigenes Pressegesetz. Hier wird festgelegt, was für Schreiben und Veröffentlichen von Nachrichten und periodisch erscheinendem Schriftgut zu beachten ist. Das Pressegesetz für das Land Nordrhein-Westfalen besteht aus 27 Paragraphen und datiert vom 24. Mai 1966. Pressegesetze gehen auf die wichtigen Ordnungen, die Rechte und Pflichten der Zeitungsmacher und Redakteure ein.

Wer eine Zeitung macht, sollte auch andere Rechtsverordnungen kennen. Das Urheberrecht und das Strafgesetzbuch (z.B. mit den Themen Verleumdung und Beleidigung) können von Belang sein.
Auch die jeweiligen Schulgesetze geben möglicherweise Anhaltspunkte und Einschränkungen für die Arbeit mit einer Schulzeitung.

Inhalte des Landespressegesetzes von NW sind:

Freiheit der Presse – Zulassungsfreiheit – Öffentliche Aufgabe der Presse – Informationsrecht der Presse – Sorgfaltspflicht der Presse – Begriffsbestimmungen – Impressum – Persönliche Anforderungen an den verantwortlichen Redakteur – Kennzeichnung entgeltlicher Veröffentlichungen – Gegendarstellungsanspruch – Strafrechtliche Verantwortung – Strafbare Verletzung der Presseordnung – Bußgeldvorschriften – Verjährung und Geltung für den Rundfunk.

*Wer eine Schulzeitung herausgeben will, sollte sich vorher in die Pressegesetze einlesen.*

Mein Rat:
Nehmen Sie bezüglich der Pressegesetze Kontakt mit Ihrer Lokalzeitungsredaktion auf. Teilen Sie mit, dass Sie eine Schulzeitung herausgeben möchten. Man wird Ihnen gern behilflich sein!

EINIGE PARAGRAPHEN AUS DEM LANDESPRESSEGESETZ NW IM WORTLAUT (Stand vom Januar 1997)

**§ 1 Freiheit der Presse.** (1) Die Presse ist frei. Sie ist der freiheitlichen demokratischen Grundordnung verpflichtet.

**§ 3 Öffentliche Aufgabe der Presse.** Die Presse erfüllt eine öffentliche Aufgabe insbesondere dadurch, dass sie Nachrichten beschafft und verbreitet, Stellung nimmt, Kritik übt oder auf andere Weise an der Meinungsbildung mitwirkt.

**§ 4 Informationsrecht der Presse.** (1) Die Behörden sind verpflichtet, den Vertretern der Presse die der Erfüllung ihrer öffentlichen Aufgabe dienenden Auskünfte zu erteilen.

**§ 6 Sorgfaltspflicht der Presse.** Die Presse hat alle Nachrichten vor ihrer Verbreitung mit der nach den Umständen gebotenen Sorgfalt auf Inhalt, Herkunft und Wahrheit zu prüfen.

**§ 8 Impressum.** (1) Auf jedem im Geltungsbereich dieses Gesetzes erscheinenden Druckwerk müssen Name oder Firma und Anschrift des Druckers und des Verlegers, beim Selbstverlag des Verfassers oder des Herausgebers, genannt sein.

(2) Auf den periodischen Druckwerken sind ferner Name und Anschrift des verantwortlichen Redakteurs anzugeben. Sind mehrere Redakteure verantwortlich, so muss das Impressum die in Satz 1 geforderten Angaben für jeden von ihnen enthalten. Hierbei ist kenntlich zu machen, für welchen Teil oder sachlichen Bereich des Druckwerks jeder einzelne verantwortlich ist. Für den Anzeigenteil ist ein Verantwortlicher zu benennen; für diesen gelten die Vorschriften über den verantwortlichen Redakteur entsprechend.

## Schulzeitung und Internet

Die Informationsquelle und -fülle, die uns in den Neuen Medien geboten wird, können wir uns auch beim Projekt Schulzeitung zunutze machen. Über Suchmaschinen erhält man Informationen und Hilfe zu jedem denkbaren Thema (auch wenn es zuweilen zeitraubend und teuer ist, Brauchbares zu finden). Wir haben die Möglichkeit, andere an der eigenen Arbeit teilhaben zu lassen, zum Beispiel über die Beteiligung an Foren. Wenn man eine Homepage der Schule einrichtet, hat man die Möglichkeit, die eigene Schulzeitung ins Netz zu stellen.

Wie machen es die anderen?

Die Grundschulübersichten der Web-Seiten von SAN („Schulen ans Netz") weisen alle Grundschulen mit einer eigenen Schulzeitung aus, so dass man dort nachschlagen kann und Anregungen in jeder Qualität erhält.

Auf der Suche nach dem Stichwort „Schulzeitung" in diversen Suchmaschinen stößt man auf eine schier unübersehbare Liste von Einträgen. Hier präsentieren sich vorwiegend Zeitungen (Schülerzeitungen) aus dem Bereich der weiterführenden Schulen.

Wer Übungsmaterial für Redaktionsarbeit sucht, sollte auf den Seiten unter **http://hs.ejp.de/jugendpresse/tips** von Holger Schwichtenberg nachsehen!

Und das gesamte Presserecht ist auch im Internet zu finden. Auf verschiedenen Links von Anwaltbüros mit einschlägiger Erfahrung auf diesem Gebiet lässt sich Brauchbares finden. Mit etwas Glück ist auch irgendwo das ein oder andere Buch zum Thema dabei, wobei es im Grundschulbereich noch wenig spezielle Literatur gibt.

Bei allen vorstehenden Hinweisen gilt: Die Ausbeute des eifrigen Surfers ist zur Zeit noch eher gering und zufällig.

---

Man kann das Internet nutzen, um Informationen zu erhalten.

Über die Homepage ist es möglich, die eigene Schulzeitung ins Netz zu stellen.

Die Rubriken entwickeln sich mit der Zeit zu einem feststehenden Kanon. Das erleichtert die Arbeit sehr.

**Rubriken**

Zum Glück setzt sich die Redaktion aus Mitarbeiterinnen und Mitarbeitern mit sehr unterschiedlichen Interessen zusammen. So gibt es die Kinder, die gerne Geschichten schreiben, andere, die begeisterte Witzesammler sind und über ein reiches Repertoire verfügen. Wieder andere sind Rätselspezialisten oder Fachleute für die Malseite. Einige übernehmen willig Aufgaben jeder Art und versuchen – manchmal auch mit etwas Hilfe – Gedichte zu schreiben oder Interviews zu machen.

Der Katalog unserer Rubriken ergab sich anfänglich aus den Fähigkeiten und Vorlieben der jungen Redakteure. Schließlich wurde er dann zu einem festen Kanon.

Ähnlich sollte jede Redaktion vorgehen, die mit einer Schulzeitung beginnt. Viele Sorten von Artikeln kommen auch im Sprachunterricht vor (Bericht, Beschreibung, Fantasiegeschichte, Erlebniserzählung usw.). Andere müssen gelernt werden. Aus diesem Grund gehen wir ausführlich nur auf das Interview ein, das wir exemplarisch mit unserer gesamten Redaktion in der Redaktionssitzung erarbeiten (siehe Kapitel Interview, Seiten 42 ff). Bei einigen Rubriken genügen kurze Hinweise.

Christof ist ein fröhliches Kind, das Witze über alles liebt und auch sonst für Späße sorgt. Natürlich sind seine Witze nicht selbst erfunden, höchstens etwas abgewandelt und oft auf die Schule bezogen. Und weil seine Quellen sehr unterschiedlich und vielfältig sind, besteht des öfteren die Notwendigkeit, auf den einen oder anderen nicht schlechten, aber für uns ungeeigneten Witz zu verzichten. Drei bis vier Witze pro Ausgabe reichen aus. Weil Christof sein Problem kennt, bereitet er jedesmal eine Auswahl von fünf bis acht Anekdötchen vor.

Sophie kocht gerne in Mutters Küche. Sie besitzt selbst eine Reihe von Kinderkochbüchern. Also ist sie die Spezialistin für Rezepte und das Kochen mit Kindern. Da fast jeder Redakteur in der Redaktion mit einem Freund oder einer Freundin vertreten ist, gibt es für die einzelnen Rubriken immer ein Team. So machen auch Anna und Tamara auf der Kochseite mit.

Der Wunsch, einfach ein Rezept aus dem Kochbuch zu kopieren, würde zwar die Aufgabe erleichtern, das verbietet aber unsere journalistische Einsicht über das Copyright. Und jedes Mal beim Verlag um die Abdruckerlaubnis nachzufragen, ist auch lästig, obwohl wir diese Erfahrung hin und wieder auch als reine Übungssache machen wollen.

Ein guter Weg bei unserer Rezeptseite ist der Bericht der kleinen Köche über das Ausprobieren einer leckeren Angelegenheit. Bei dieser Art der Verwendung fließt das vorgegebene Rezept in erlaubter Weise ein. Die Kinder-Rezeptseite bietet natürlich kein komplettes Drei-Gänge-Menue, dafür gibt es oft sehr reizvolle Kleinigkeiten oder Getränke, die auch Erwachsene ausprobieren mögen.

Noch ein Wort zu Dennis (3. Schuljahr), unserem Rätselfan. Er produziert leichte und mittelschwere Silben-, Kreuzwort- und Bilderrätsel in einer Menge, dass wir ein ganzes Rätselheft herausgeben könnten.

Bei der ersten Version eines Rätsels, das Dennis vorlegt, muss auch die Lösung dabei sein. Denn wer will sich schon sagen lassen, dass es zu einem Rätsel keine Lösung gibt, weil der Erfinder nicht aufgepasst hat. Das Lösungswort des Rätsels gehört in die gleiche Ausgabe der Zeitung, wird aber irgendwo gut versteckt und oft auf dem Kopf stehend abgedruckt.

Sarah und Jens haben sich zu Spezialisten für Kleinanzeigen entwickelt. Unter dieser Rubrik blüht ein echter Markt, auf dem die tollsten Angebote zu finden sind: Sammelbilder (Diddl-Maus und Pokemon oder was sonst gerade „in" ist), Reitstiefel, Kommunionkleider, Kinderfahrräder und Ähnliches mehr. Auf ihr System, das sie selbst entwickelt haben, sind sie ziemlich stolz. In der letzten Woche vor der Fertigstellung

Texte einfach aus anderen Büchern abzuschreiben oder zu kopieren, das verbietet das Copyright.
Wer dies dennoch tun will, muss zuvor die Genehmigung des Verlags einholen. Die wird in der Regel für das Zeitungsprojekt kostenlos erteilt.

*Kleinanzeigen in der Schulzeitung sind eine kommunikative, und deshalb sehr spannende Angelegenheit!*

der Schulzeitung dürfen sie durch alle Klassen gehen und nach aktuellen Anzeigenwünschen fragen. Vorbereitete Zettel, die sie ausgeben, helfen zu Hause Anzeigentexte zu formulieren und mit den Eltern über Preisvorstellungen zu verhandeln. Die Erreichbarkeit der angebotenen Teile müssen ebenfalls notiert werden. Meist werden Telefonnummer, Adresse, aber auch die Klasse des Anbieters und bei Tauschwünschen manchmal auch eine bestimmte Schulhofecke für ein Treffen in der Pause angegeben.

Am nächsten Tag gehen die Anzeigensammler wieder durch die Klassen und sind auf die Ergebnisse gespannt. Sie nehmen natürlich auch mündliche Anzeigen entgegen und notieren sie sofort auf ihrem Kleinanzeigenblatt.

Wichtig ist, dass zwischen Anzeigenwunsch bzw. Anzeigenaufgabe und Erscheinungsdatum der Schulzeitung nicht zu viel Zeit liegt, damit die Angebote aktuell bleiben.

Noch ein Wort zu Lisa. Sie sammelt Gedichte und hat ihr eigenes Gedichtsheft mit vielen selbstgereimten und selbst erdachten Werken. Lisa ist überglücklich, dass sie hin und wieder ein eigenes Gedicht veröffentlichen kann. Meistens findet sie auch in Lesebüchern einen passenden Text für unsere Ausgabe.

Bleibt noch zu erwähnen, dass man Eltern und Lehrer um ihre Beiträge besonders bitten muss. Bei ihnen halten sich Spontaneität und Schreibeifer leider meist in Grenzen. Und wenn selbst bei guten Themenvorschlägen nichts kommt, greift der Chefredakteur, wenn er es nicht schon vorher getan hat, zum Stift (oder in die Tasten).

## Das Titelblatt

Zunächst haben wir bei unserer Schulzeitung das Titelblatt von Kindern frei gestalten lassen und keine Elemente verwandt, die sich ständig wiederholen. Das gab zwar bei den Kindern eine hohe Motivation und eifrige Gestaltungsvorschläge, hatte aber eine ziemlich bunte Folge von allen möglichen Stilelementen auf der Titelseite zur Folge. Unsere Schulzeitung sollte man auf den ersten Blick erkennen und auch Hinweise und Orientierung zur Ausgabe sollen ins Auge springen.

Wie macht es die „große Zeitung"? Wir schauten uns Ausgaben an und suchten nach wiederkehrenden Elementen. Sie sollten zahlenmäßig eingeschränkt sein und auch für jüngere Leser klar erkennbar und lesbar. Also wollten wir dort wenig Handschriften verwenden. Das Wort „Zeitung" sollte unbedingt im Titel erscheinen, deswegen verzichteten wir auf einen klangvollen Namen und beließen es bei „Schulzeitung". Natürlich gehört der Schulnamen deutlich erkennbar dazu.

Die aktuelle Ausgabe erhält eine laufende Nummer, dazu kommt die Angabe des Erscheinungstermins (Quartal, Jahreszahl – Beispiel: Ausgabe 24 - 3/2000). Diese Elemente ordnen wir in einem Rahmen an und haben dann den Mittelteil für die jeweilige Gestaltung des „Aufmachers" frei.

Die Titelbilder im Mittelteil wechseln und werden in der Redaktion gesammelt, ausgesucht und schließlich zur Veröffentlichung bestimmt. Wir benutzen Kinderzeichnungen, Fotos, Collagen und Montagen, auch schon einmal grafisch aufbereitete Texte (z.B. Gedichte).

Auch das haben wir aus der großen Zeitung gelernt: Die Titelseite macht auf den Inhalt der Ausgabe aufmerksam und neugierig. Hier kann ein Thema angekündigt, ein Artikel mit einer Schlagzeile begonnen werden, wobei das Titelblatt auch schon die Seitenzahl angibt, auf der die Geschichte zu finden ist. Gerne verwenden wir im Titelblatt lokale und regionale Bezüge (z.B. Eichhörnchen in X = Stadtteil oder Ort nennen bei einem Artikel über ein Projekt im Sachunterricht, oder: Was ist aus der Zeche in Y nach der Schließung geworden – Artikel über eine Exkursion der Redaktion zur stillgelegten Zeche der Stadt).

---

Das Titelblatt sollte zum Zwecke der Wiedererkennbarkeit nach einem festen Raster gestaltet sein. Es enthält den Namen der Zeitung, die laufende Nummer des Blattes, das Datum (Monat, Quartal, Jahr) und Hinweise auf den Inhalt der Zeitung zum Neugierigmachen.

## Das Titelblatt

*Was denkt der Leser, wenn er das Titelblatt der Schulzeitung vor sich hat?*

Das Titelblatt wird aus all diesen Gründen zuletzt gestaltet nachdem alle Artikel der Ausgabe festliegen, wobei natürlich während der gesamten Planungsphase der Ausgabe Ideen gesammelt werden. Dies geschieht auf einem stark vergrößerten leeren Titelblatt (siehe Kopiervorlage im Anhang).

Der Chefredakteur achtet bei der Auswahl auf Aussagekraft und auf den Wechsel der Gestaltungselemente, zum Beispiel, dass nicht mehrere aufeinanderfolgende Ausgaben immer die gleichen Inhalte und Illustrationen aufweisen.

Wenn die Titelseite entworfen wird, liegt stets die auf großem Karton formulierte Frage vor uns:
*„Was denkt der Leser (der Leser jeder Gruppe), wenn er das Titelblatt unserer Schulzeitung in der Hand hält?"*

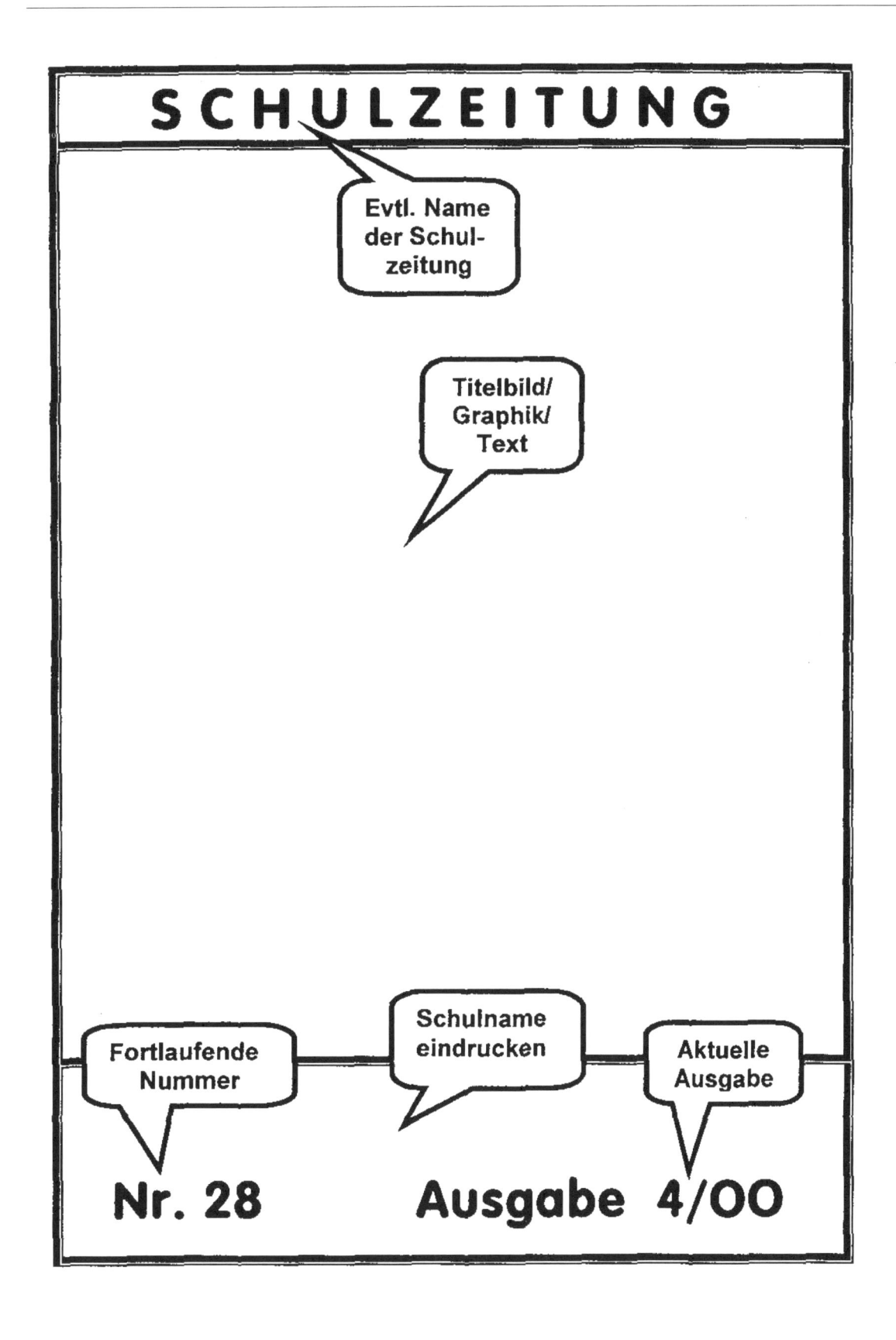

# SCHULZEITUNG

- Evtl. Name der Schulzeitung
- Titelbild/ Graphik/ Text
- Fortlaufende Nummer
- Schulname eindrucken
- Aktuelle Ausgabe

**Nr. 28** **Ausgabe 4/00**

# SCHULZEITUNG

**RATHEIMER EICHHÖRNCHEN (S.3)**

beobachtet von
Tamara Konrad und Jan Batalia

**Michael – Ende - Schule   Ratheim**

**Nr. 25**          **Ausgabe 1/00**

Das Titelblatt   41

**SCHULZEITUNG**

Wandern, wandern, welche Lust
durch den Zoo, die Wälder
mit der ganzen Kinderschar
zwei- bis dreimal jedes Jahr!
Manchmal auch des Lehrers Frust,
wenn der Kinderlärm und Krach
macht die ganze Gegend wach!

(aus dem Buch von R. Müller: O du meine liebe Grundschule)

**Michael – Ende - Schule   Ratheim**
**Nr. 23              Ausgabe 3/99**

---

**SCHULZEITUNG**

Ein frohes Weihnachtsfest!

Weihnachtsbild von Sarah Jessat

**Michael – Ende - Schule   Ratheim**
**Nr. 24              Ausgabe 4/99**

---

**SCHULZEITUNG**

In der Grundschule lernst du das Lesen
in der dicken Träne,
die die Backe herunterrollt,
und in dem fröhlichen Kinderlachen.
R. Müller

UNSERE GRUNDSCHULE
- GRUNDSCHULWOCHE -

**Michael – Ende - Schule   Ratheim**
**Nr. 27     Sonderausgabe 3/00**

Für ein Interview gibt es bestimmte Regeln, die wir beachten müssen. Wir erarbeiten die Regeln gemeinsam.

**Das Interview**

Sarah und Christian wollen ein Interview machen. Auf der Liste der möglichen Interviewpartner stehen der freundliche und fröhliche Pastor, der auch katholischen Religionsunterricht erteilt, eine Reinigungskraft, die Frau des Hausmeisters und die neue Lehrerin, die seit einem Monat an unserer Schule unterrichtet.

Sarah und Christian entscheiden sich für die Frau des Hausmeisters. Sie ist nur wenig bekannt. Die beiden Redakteure finden sie cool, weil sie Motorrad fährt, jung ist und eine interessante Frisur hat.

Für ein Interview gibt es Regeln, die wir zusammen erarbeitet haben. Diese nehmen sich die beiden Schüler vor und arbeiten die Punkte ab.

1. Entscheide dich für einen Interviewpartner, der für die Leser interessant ist und der etwas mit Schule zu tun hat.
2. Frage höflich, ob der Partner zum Interview bereit ist.
3. Vereinbare einen Termin zum Interview.
4. Erkundige dich genauer über den Interviewpartner, damit du dich auf die Fragen vorbereiten kannst.
5. Schreibe die Fragen auf und achte darauf, dass die Antworten über die Person Auskunft geben.
6. Versuche zu den „Allerweltsfragen" noch einige spezielle Fragen zu finden, die den Interviewpartner noch interessanter erscheinen lassen.
7. Vermeide peinliche und dumme Fragen.
8. Frage nicht so, dass der Interviewpartner nur mit ja oder nein antworten kann. Bei Ja- oder Nein-Antworten frage nach und lasse erklären!
9. Lies dem Interviewpartner alle vorbereiteten Fragen vor und frage ihn, ob er dazu antworten möchte.
10. Vergiss nicht, dich für das Interview bei dem Interviewpartner zu bedanken.

Sarah und Christian haben herausgefunden, dass die Hausmeisterfrau, Frau X, einen Beruf hat, noch keine Kinder hat, am Wochenende oft mit ihrem Motorrad unterwegs ist. Diese Informationen haben sie von ihrem Ehemann, unserem Hausmeister, bekommen. Zu diesen Bereichen wollen sie auf jeden Fall etwas von ihr erfahren.

Damit das Interview nicht zu lang wird, beschränken sie sich auf 10 Fragen, die wir in der Redaktionssitzung besprechen.

Hier ist ihre Liste:

1. Liebe Frau X, wie ist ihr vollständiger Name und wie alt sind sie?
2. Warum haben Sie keine Kinder?
3. Welchen Beruf haben Sie und wie kamen Sie zu ihrem Berufswunsch?
4. Finden Sie die Schule gut?
5. Kochen Sie lieber Ihre Lieblingsgerichte, oder die von ihrem Mann?
6. Warum ist Motorradfahren schön, und ist es ein schöner Sport?
7. Hatten Sie schon einmal einen Unfall?
8. Gehen Sie gerne mit Ihrem Mann aus?
9. Wohin fahren Sie am liebsten in Urlaub?
10. Würden Sie Ihren Kindern auch Geld für Pokemon-Karten geben?

*Die Fragen für ein Interview müssen vorher gut überlegt, gemeinsam abgesprochen und aufgeschrieben werden.*

An der Tafel hängt das Plakat mit unseren Interview-Regeln. Wir gehen sie jedes Mal durch, wenn wir uns die Interviewfragen anhören, die ein Team zusammengestellt hat.

Jasmin kennt Frau X gut, weil sie zwei Häuser weiter auf derselben Straße wie sie wohnt. Bei den Fragen hört sie besonders gut zu. Die meisten finden die Fragen von Sarah und Christian in Ordnung. Nur Jens, der immer recht kritisch ist, hat Einwände bei drei Fragen:
So meint er, dass die Frage nach den Kindern (2) zu persönlich ist. Er würde lieber anders fragen und formuliert das auch gleich: „Kommen Sie aus einer Familie mit mehreren Kindern und möchten Sie auch welche haben?"

Das finden alle gut.

Bei Frage 4 und 7 würde er genauer fragen, denn dort ist nur ein Ja oder Nein zu erwarten. Simone schlägt für Frage 4 vor:

„Ist unsere Schule anders als die, die sie früher als Kind besucht haben?"

Das findet Anklang. Und zu Martins Idee für Frage 7: „Welche Gefahren haben Sie schon beim Motorradfahren erlebt?" gibt es ebenfalls Zustimmung.

Frau X lässt durch ihren Mann ausrichten, dass sie zum Interview in die Schule kommen kann, am nächsten Donnerstag um 11 Uhr.

## Schriftgröße und Schriftart

Jeder hat seinen eigenen Geschmack bei der Fülle der Schriftarten und der Schriftgrößen, die uns der Computer zur Verfügung stellt. Unsere ersten Ausgaben der Schulzeitung waren von zahllosen Varianten und regelrechter Ausprobierwut gekennzeichnet. Eine wertvolle Hilfe lieferte uns ein Zeitungsredakteur, der eine unserer Ausgaben in der Hand hielt und dazu Tipps gab.

Man soll möglichst bei einer Schriftart bleiben und diese sowohl bei der Schlagzeile/Überschrift als auch bei dem nachfolgenden Text verwenden. Hervorhebungen können durch Fettdruck erfolgen. Innerhalb einer Ausgabe achten wir auf ein gleichmäßiges Schriftbild. Weil wir Leser haben, die sich an das Lesen längerer Texte erst gewöhnen müssen (unsere Erstleser), sollten wir auch die Schriftart an der Schrift der Erstlesewerke orientieren. Dann kämen wir vermutlich am besten mit der Schriftart „Arial" bei MS-Word zurecht. Den einzigen Nachteil bildet der Druckbuchstabe des kleinen a, das die Kinder in der Grundschule so kennen gelernt haben: ɑ. Auf Ihrem Rechner befindet sich sicher eine Schriftart, die das den Kindern geläufige kleine Druckbuchstaben-ɑ besitzt. (Zum Beispiel „Fufit" in MS Word.)

Leider können wir nicht immer eine einheitliche Schriftgröße in der Ausgabe durchhalten. Übernehmen wir Texte aus der großen Zeitung, muss oft verkleinert werden, um den ganzen Text eines Artikels auf einer Seite wiederzugeben, wenn er als Original erscheinen und als Text der großen Zeitung zu erkennen sein soll.

Nicht alles, was möglich ist, sollte man ausprobieren! Zu viel Schriftenwirrwarr erzeugt ein unruhiges Schriftenbild und ist auch kein Augenschmaus.
Weniger ist mehr!

Die Schrift muss gut lesbar sein. Original-Zeitungsschrift ist klein und für Grundschüler sehr schwer zu lesen. Die Textfülle schreckt ab.

SCHRIFTBEISPIELE

Der Original-Zeitungsnormaldruck.

Diese Schrift ist für Grundschulkinder viel zu klein. Sie erschlägt durch ihre Textfülle und hat bei Lesetests, die wir durchführten, ergeben, dass auch Drittklässler beim bloßen Anblick kapitulierten und auf das Lesen verzichteten. Bei zusätzlicher Verkleinerung eines solchen Textes wird es wohl nur noch erwachsene Leser geben.

## ⌐ ⌐: In. ⌐euen Schulj?
## ällt mehr Unterricht ?

### ,eul kündigt Plakataktion an – GEW kritisiert Größe ∖

Von unserem Korrespondenten
Wilfried Goebels

˙sseldorf. CDU-Opposition und ˙˙verbände erwarten für das Montag beginnende neue ˳nuljahr einen weiteren Anstieg des Unterrichtsausfalls und größere Klassen. Schon im letzten Schuljahr sei der nicht erteilte Unterricht um ˙,3 Prozent gestiegen, kritisierte der ˙DU-Schulexperte Bernhard Re- ˙r. Der Landesrechnungshof hat- ˙rechnet, dass sich der Unter- ˙ausfall während der 13-jähri- ˙hulzeit in NRW auf mehr als ˙ summiert.

Angaben Reckers wird auch ˳angekündigte Einstellung von ˳0 Lehrern in ˙˙ nächsten fünf ˳ahren ni˙˙ ˙isere ändern.
˳˙˙ ˙ Schuljahr
˙ in NRV
˙r 3˙
˙

chen Englisch-Unterricht in der Grundschule sowie Islamische Unterweisung und Praktische Philosophie bereit stehen. Laut Recker hat das Land seit 1994 rund 17 000 Lehrerstellen durch Unterrichts-Reduzierung, Mehrarbeit der Pädagogen und größere Klassen eingespart. Als nicht verantwortbar wertete er den wachsenden Fachlehrer-Mangel. So würden in NRW 77 Prozent des Informatik- und 55 Prozent des Technik-Unterrichts fachfremd erteilt. Die Einführung von Profilklassen, über die das Abitur bereits nach zwölf Jahren ermöglicht werden soll, s˙ halbherzig und führe zu einen ˙˙i-Klassen-Abitur", ˙ritisier˙ CPU-Politiker. P ˙ehebu I˙ ˙richtsausf˙ ˙ne ˳
˙irzung ˳ ˙ch
˙bitu˙
˙al˙

„Wie viele Nordrhein-We˳ an. Die Schul˳ ihrer Bildung˙ und werde ˙
„Chefin d˙ Angab˙ und
„Un˳ Haup˳ ginn. M˳ seien un˳ genügend ˙ Die G˙˙ Wis˙ N˙ in˳ ren˳ den ⌐ ˙˙ßer ˳ ˙e˳

Arial, 11 Punkt

Ist für Schüler lesbar. Diese Schrift entspricht unserem Vorschlag und ist in unserer Schulzeitung Praxis. Sie lässt größere Textmengen zu und ist weitgehend an Erstlesewerke angepasst. Für alle selbstgeschriebenen Text verwendbar.

> Diese Schrift entspricht unserem Vorschlag und wird in unserer Schulzeitung für Textbeiträge verwendet.

Arial Black, 12 Punkt

verwenden wir für Schlagzeilen und Überschriften.

> **Schriftarten und Schriftgrößen**

Arial Narrow, 12 Punkt

Das Lesen bei der engeren Schrift wird etwas schwieriger, aber man kann eine wesentlich größere Textmenge unterbringen.

> Wenn eine Geschichte sehr viel an Text hat, ist bei gleicher Größe der Buchstaben mehr unterzubringen.

Fufit, 12 Punkt

> Diese Schrift ist dieselbe wie in der Fibel des ersten Schuljahres.

Schriftart Comic Fett (12 pt.) + Arial (11 pt.) in Kombination

Eine interessante Kombination mit Überschriften in Comic und Text in Arial bringt Abwechslung und lockert auf, obwohl es gegen unsere Regel verstößt.

> **Schriftenkombination**
>
> Das ist möglich und lockert unsere Seite entsprechend auf. Überschriften in anderen Schriftarten sind erlaubt.

In die Schulzeitung gehören Illustrationen, die wir selbst herstellen. Fotos müssen gerastert sein, sonst lassen sie sich nicht im Druck wiedergeben.

**Illustrationen**

Was wäre eine Zeitung ohne Bilder und Illustrationen?
Bei allen Medien werden wir mit Bildern und optischen Reizen überschüttet. So hat auch in den Schulbüchern der Anteil von Bildern und Illustrationen enorm zugenommen. Auch wenn wir in unserer Schulzeitung etwas sparsamer mit Illustrationen umgehen werden, um genügend Platz für Texte zu haben, gilt es gezielt aufzulockern und dem verwöhnten Auge optische Abwechslung zu bieten. In der Regel werden wir Illustrationen verwenden, die im Textzusammenhang stehen, wie etwa erläuternde Zeichnungen zu einem Sachtext (Beispiel: Bericht über die Radfahrprüfung oder über das Ritterprojekt in einem 3. Schuljahr). Meistens übernehmen wir auch Fotos aus der Tageszeitung zusammen mit Zeitungsartikeln. Dies sind übrigens die einzigen Fotos, die sich für unseren Druck gut eignen, weil sie schon in einem Rasterverfahren hergestellt sind. Eigene Fotografien (zumal Farbfotos) ergeben in unserer Schulzeitung die sehr unschönen dunklen Flecken, auf denen kaum etwas zu erkennen ist – es sei denn, sie können die Bilder gut gerastert einscannen.

Wir werden umso mehr Freude an unseren Illustrationen haben, je gleichmäßiger sie in der Zeitung verteilt sind und vor allem je einheitlicher der Stil ist. Für eine Schulzeitung geraten wir an dieser Stelle sehr oft an unsere Grenzen, da Grafik ein eigenes Feld ist, das wir mit unseren Mitteln kaum optimal lösen können. Klar, dass wir aus Gründen des Copyrights nicht einfach übernehmen können, was uns gefällt und gerade gefunden wurde. Obwohl bei der heutigen Kopiertechnik mit den Möglichkeiten zu vergrößern und verkleinern nahezu alles denkbar und machbar ist, müssen wir andere Wege finden.

Wir praktizieren vier Alternativen oder kombinieren sie.

1. Ein Glücksfall ist, wenn sich im Elternkreis jemand findet, der zeichnen kann und die grafische Gestaltung übernimmt. Das ist nicht oft der Fall, aber die Suche nach solchen Talenten lohnt sich. Und warum soll man die Suche nicht gerade über die Schulzeitung versuchen?

2. Jede Schule hat Eltern mit Computererfahrung. Und fast immer ist da ein Vater, der über diverse Graphikprogramme und interessanten Bitmaps auf CD-ROM verfügt. Es lohnt oft auch, den Schulcomputer mit solchem Material auszurüsten und dann selbst unter Tausenden von grafischen Elementen ganz legal auswählen zu können. Da wir mit unserer Schulzeitung nicht kommerziell in Erscheinung treten und sie nicht verkaufen, lassen sich Grafikprogramme problemlos verwenden und gewünschte Illustrationen in unsere Texte einbauen.

3. Wer lieber mehr mit der Hand arbeiten möchte und ohne hohen technischen Aufwand kleine Illustrationen in den Text hineinzaubern will, dem eröffnen sich mit Stempeln vielfältige Möglichkeiten. Zahlreiche Firmen bieten auf einem immer größer werdenden Markt Motivstempel jeder Art und zu allen erdenklichen Themen an, die auch kleinflächig lustige Abwechslung bieten. Diese Firmen zeigen in Katalogen ihre Produktpalette und beliefern die Kunden im Versand. Da Motivstempel nicht ganz billig sind, müssten Sponsoren für einen Grundstock sorgen, der dann ständig erweitert wird. Dazu sind Fördervereine besonders gefragt. Für die Verwendung von Stempeln gilt wieder zu beachten, dass keine kommerzielle Nutzung erlaubt ist.

4. Zum Schluss erwähnen wir die ergiebigste Quelle für Illustrationen. Kinder malen und zeichnen mit großem Eifer. Gewiss gehört zur Illustration einer Zeitung Übung, Anleitung und sorgfältige Auswahl von Brauchbarem. Nicht jeder kleine Künstler lässt sich problemlos zur Bereicherung unserer Zeitung einsetzen. Wir suchen nach Talenten und fördern sie. Oft sind zu schwache Bleistiftzeichnungen nicht für den Druck geeignet, ebenso lassen sich kräftige Wasserfarbbilder schlecht verarbeiten. Je nach Druckverfahren muss man ausprobieren und am besten thematisch genau vorgeben, was gebraucht wird.

Möglichkeiten für Illustrationen:

– Stempel
– Cliparts
– eigene Zeichnungen
– aufgerasterte Fotos

## 50 Illustrationen

Beliebt und überall
einsetzbar:
Motivstempel (siehe
Bezugsquellen)

Beispiele für erlaubtes Kopieren von Zeichnungen aus Kopiervorlagen
(aus: „Das schnittige Schnipselbuch")

**52** Illustrationen

Monotype Sorts

Wingdings

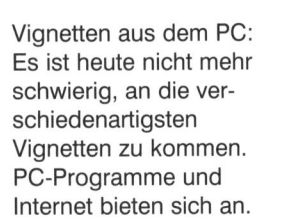

Mini Pics Lil Critters

Vignetten aus dem PC: Es ist heute nicht mehr schwierig, an die verschiedenartigsten Vignetten zu kommen. PC-Programme und Internet bieten sich an.

Wir vergrößern einzelne Vignetten je nach Bedarf.

## Impressum und Inhaltsverzeichnis

Alle formalen festen Bestandteile der Schulzeitung bringen wir auf einer Seite unter. Es ist die Seite, die über uns als Redaktion und über das, was unsere Zeitung kennzeichnet, Auskunft gibt. Hier steht auch das Inhaltsverzeichnis. Es hat gleich auf der zweiten Seite seinen Platz und dient der schnellen Orientierung, nennt unsere Rubriken, soll aber vor allem den jungen Leser an das Nachschlagen und gezielte Suchen gewöhnen.

In einem Kasten werden dann alle Redakteure mit dem Namen aufgeführt. Die Klassenzugehörigkeit hinter dem Namen wird von den jungen Redakteuren oft gewünscht. Auch die erwachsenen Mitarbeiter stehen gleichberechtigt in der Namensliste. Und was im Zeitungswesen unerlässlich ist, es muss der verantwortliche Redakteur angegeben sein. Das kann mit der üblichen Abkürzung geschehen: V.i.S.d.P. (Verantwortlich im Sinne des Pressegesetzes).

Dann fügen wir noch Hinweise über den Bezieherkreis, die Erscheinungsintervalle und die Auflagenhöhe hinzu:

> Für Eltern, Kinder und Freunde der Michael-Ende-Schule ist die Schulzeitung kostenlos. Sie erscheint viermal im Jahr und hat diesmal eine Auflage von 360 Exemplaren.

*Impressum und Inhaltsverzeichnis nicht vergessen! Sie gehören als feste Bestandteile in jede Ausgabe der Schulzeitung.*

Um sich die Arbeit zu erleichtern, sammelt der Chefredakteur Ideen, Bilder und Beiträge in einer Sammelmappe.

**Tipps für Chefredakteure**

DIE SAMMELMAPPE

Mit der Zeit häuft sich das Material, das wir abheften und für später aufheben möchten. Neben Originalbeiträgen, Zeitungsausschnitten und Illustrationen, die für die Dokumentation unserer Arbeit wichtig sind, werden uns auch andere Dinge aufhebenswert erscheinen.

Wir legen eine Sammelmappe für Ideen an, die im Laufe der Zeit anwachsen und irgendwann zu Beiträgen und Artikeln umgearbeitet werden können oder sogar gleich einsetzbar sind. Viele Texte, Bilder und Anregungen warten in dieser Ideenbörse, bis sie einmal gebraucht werden und zum Einsatz kommen. Und oft beginnt eine Planung der Neuausgabe mit dem Blättern in der Sammelmappe und dem Sichten des vorhandenen Materials.

ARCHIV

Von jeder fertigen Ausgabe legen wir einige Exemplare zurück. Sie werden für den Fall benötigt, dass später irgendjemand nach einer bestimmten Ausgabe fragt oder wir Musterexemplare weitergeben wollen.

DRUCKVORLAGEN

Die Druckvorlagen, von denen unsere Druckerei die Drucke hergestellt hat, werden wir aufheben. Von ihnen können, falls erforderlich, Nachdrucke gemacht werden.

BELEGEXEMPLARE

Nicht vergessen dürfen wir, Belegexemplare auszuhändigen, wenn wir Anzeigen abgedruckt haben. Auch wenn uns jemand eine Abdruckerlaubnis für einen geschützten Text oder eine Abbildung gegeben hat, bekommt er ein Belegexemplar der betreffenden Ausgabe.

## Die Herstellung nach dem Druck

Richtig anstrengend und zeitraubend ist dann die Fertigstellung unserer Zeitung nach dem Druck. Vor der versammelten Mannschaft liegen fünf große Stapel zweiseitig bedruckter fertiger Blätter. Auf jedem Blatt erkennen wir vier Zeitungsseiten. Nun bekommt jeder Helfer eine Aufgabe. Im ersten Schritt werden die einzelnen Seiten zusammengelegt, und zwar so, dass das Blatt mit der Titelseite ganz unten liegt, die innere Doppelseite mit den Seitenzahlen 10 und 11 zuoberst. Auf einem großen Tisch sind die Stapel so angeordnet, dass die Helfer im Vorbeigehen jeweils ein Blatt dem Stapel entnehmen, übereinanderlegen und den fertigen Zeitungspacken von fünf Blättern an einer bestimmten Stelle kreuzweise stapeln. Ein Mitarbeiter bringt die zusammengelegten Exemplare zum zweiten Tisch, auf dem die richtige Seitenfolge noch einmal kontrolliert und eventuelle Fehldrucke aussortiert werden. Ein weiterer Träger bringt die kontrollierten Zeitungen zum Falten.

Nun werden alle fünf Blätter gleichzeitig in der Mitte gefaltet und ergeben so ein Heft im DIN-A5-Format. Der nächste Arbeitsgang besteht im Zusammenheften der losen Blätter. Dazu gibt es eine Heftmaschine, die einen so langen Schaft besitzt, dass man die wieder aufgefalteten Exemplare bis zur Mittellinie einschiebt und in der Mittelfalte zweimal heftet. Diese Arbeit erfordert Kraft und Präzision (wie auch schon das Falten), so dass das entstandene Zeitungsheft aus exakt übereinanderliegenden Seiten besteht. Schief geheftete Exemplare wollen wir nicht produzieren. Also wird Falten und Heften am besten von eingearbeiteten Erwachsenen erledigt.

Wenn schnell gearbeitet wird, kann man mit etwa 20 Helfern in zwei Stunden ungefähr 300 Exemplare fertigstellen, gute Qualität der Heftklammern vorausgesetzt, denn ein ständig klemmendes Gerät verlängert natürlich die Arbeitszeit.

Nun gibt es noch die gerne übernommene Aufgabe des Abzählens der fertigen Zeitungen, und zum Schluss treten die Verteiler in Aktion, die in jeder Klasse die nötigen Exemplare abliefern.

Wer nach diesem letzten Arbeitsgang einmal leise eine Klassentüre öffnet, wird nicht selten eine eifrig lesende und Neuheiten entdeckende Klasse zu Gesicht bekommen.

---

Für das Fertigstellen der Zeitung benötigen wir erwachsene Helfer:

– Zusammentragen
– Falzen
– Heften

Die Zeitung wird in sechs Arbeitsgängen fertig gestellt:

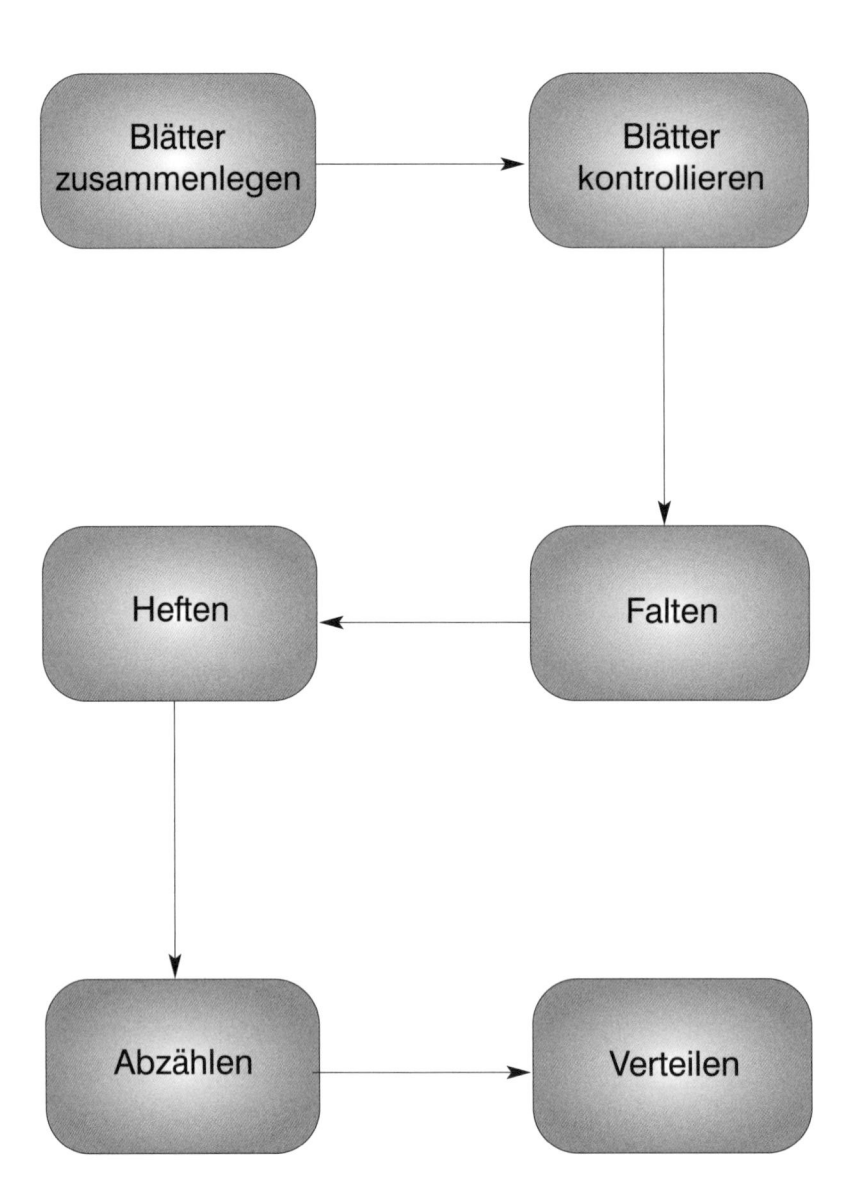

Blätter zusammenlegen → Blätter kontrollieren → Falten → Heften → Abzählen → Verteilen

## Die Produktion der Schulzeitung von der Planung bis zur Fertigstellung – ein Schaubild

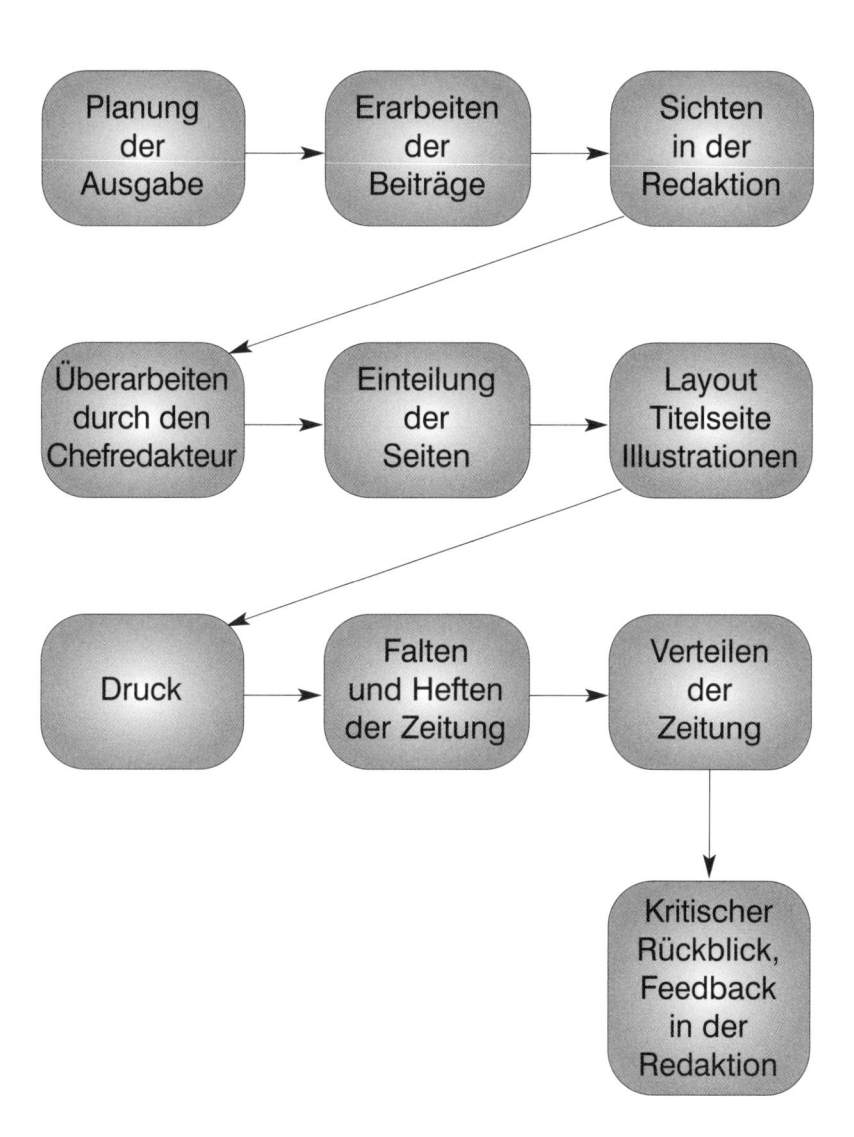

Planung der Ausgabe → Erarbeiten der Beiträge → Sichten in der Redaktion

Überarbeiten durch den Chefredakteur → Einteilung der Seiten → Layout Titelseite Illustrationen

Druck → Falten und Heften der Zeitung → Verteilen der Zeitung

↓

Kritischer Rückblick, Feedback in der Redaktion

Sprachübungen führen zum Schreiben von Artikeln hin.

Umgekehrt:

Sprachübungen erwachsen aus den Textbeiträgen für die Schulzeitung.

## Sprachübungen für junge Schulzeitungsredakteure

In den Kopiervorlagen machen wir einige Vorschläge, wie wir den jungen Redakteuren gezielt sprachliches Handwerkszeug mitgeben können. In verschiedenen Phasen der Redaktionsarbeit gibt es die Möglichkeit zu kurzen, effektiven Übungen, die aus den Artikeln selbst entstanden sind. Weitere Spielarten der Übungen als die hier aufgeführten sind natürlich denkbar und können direkt aus dem Sprachunterricht einfließen. Zu diesem Bereich wäre wohl ein eigenes Buch nötig. Die Kopiervorlagen in diesem Buch sind exemplarisch gedacht. Weitere Übungstexte werden wir entsprechend selbst finden oder sie Lehrwerken aus dem Sprachunterricht entnehmen.

### LÜCKENTEXTE

Sie regen die Fantasie an und geben den Kindern ein Gefühl für die Länge und Ausführlichkeit von Artikeln. Bei sehr jungen Redakteuren können wir die Lückenwörter auf dem Übungsblatt mitgeben.

### SCHLAGZEILEN FINDEN UND FORMULIEREN

Diese Übung soll helfen, dass treffende, auf den Inhalt hinweisende oder neugierigmachende Schlagzeilen ausgewählt und verschiedene Formen der Schlagzeilen ausprobiert werden, wobei die Absicht der Schlagzeile überdacht wird.

### NACH SCHLAGZEILEN KURZBERICHTE VERFASSEN

Was kann hinter einer Schlagzeile stecken? Hier ist der umgekehrte Weg zur vorherigen Übung gewählt, zusätzlich soll eine übersichtliche, kurze Meldung verfasst werden.

### TEXTE KÜRZEN

Wir versuchen den Inhalt von langen Texten zu komprimieren und Wesentliches herauszufiltern. Oft zwingt Platzmangel dazu, nicht unbedingt Nötiges fortzulassen. Dennoch soll der Sinn erhalten bleiben.

## Wortschatzübungen

Auch Wortschatzerweiterungsübungen, zum Beispiel zu Verben und Adjektiven, sind für junge Redakteure wichtig. Wer findet das treffende Wort?

## Persönliche Berichte in Sachtexte umschreiben

Manchmal ist es notwendig, über einen langen persönlichen Text in der Ich-Form sachlich zu berichten. Wir üben das Umschreiben von solchen Texten.

Lesen Sie den Bericht einer begeisterten Mutter!

## Zeitungsprojekt in der Schule

Zum Start in die Arbeit mit einer Schulzeitung ist eine Projektwoche mit einer Tageszeitung besonders geeignet. Einige Anregungen finden sich in dem Artikel, den eine Mutter als aktive Mitarbeiterin der Projektwoche für unsere Schulzeitung schrieb:

„... Am Montag ging es los. Oder erst einmal nicht, denn die bestellten Zeitungsexemplare waren nicht da. Also hieß es durch den Ort fahren, um sechs Ausgaben der ... (Zeitungsname) zu ergattern. Nach einigem Telefonieren wurde diese Panne aber behoben, und für den Rest der Woche wurden täglich 18 Exemplare pünktlich und kostenlos geliefert.

Der Tagesablauf blieb weitgehend gleich:
Nach dem Einlesen gab es ein Zeitungsquiz, bei dem fünf knifflige Fragen zur aktuellen Ausgabe zu beantworten waren. Die schnellste Gruppe wurde zum Tagessieger gekürt, und am Ende der Woche wurde der Wochensieger ermittelt. Gute Teamarbeit war gefragt!

Auch bei den folgenden Aufgaben war das Zusammenarbeiten wichtig. Jede Gruppe hatte ihre eigene Aufgabe: Die Wetterkarte und die Werbung untersuchen, den Seitenspiegel der Titelseite erstellen, gute von schlechten Nachrichten trennen, Menschen in der Zeitung herausfinden, den Lokalteil analysieren und das Bild des Tages auswählen. Sehr schöne Gruppenarbeiten sind dabei herausgekommen, die an Wandtafeln ausgestellt wurden.

Die Hausaufgaben der Woche orientierten sich immer am Hauptthema Zeitung. Sogar Spiele zur Zeitung gab es, und der Höhepunkt war sicherlich der Besuch in der Redaktion der Lokalnachrichten. Ausgesprochen freundliche Redakteure erklärten an zwei Tagen geduldig, wie eine Zeitung zustande kommt, und was man alles lernen muss, um Redakteur zu werden. Zwei Schüler durften sogar den Anfang des Berichtes über den Besuch in den Computer tippen, den sie schon am nächsten Tag auf der ersten Lokalseite gedruckt sehen konnten.

Fazit: Für mich war es eine recht anstrengende Woche, denn fünf Tage lang Schülerlärm bin ich nun mal überhaupt nicht gewöhnt. Aber es hat riesig viel Spaß gemacht, vor allem zu sehen, wie sich der Zugang der Kinder zu dem

Medium Zeitung verändert, wie gut sie mitgearbeitet und wieviel sie gelernt haben."

S. S-G., Mutter

*In dieser Projektwoche dreht sich alles um die Zeitung.*

HAUSAUFGABENBEISPIELE DER PROJEKTWOCHE (4. SCHULJAHR)

Montag: Nachrichten im Fernsehen beobachten, Schlagzeilen notieren.

Dienstag: Eine Schlagzeile aus der aktuellen Zeitung ausschneiden und ins Heft kleben, dazu einen neuen, möglichst witzigen Artikel erfinden.

Mittwoch: In der Anzeigenzeitung, die mittwochs erscheint, Lösungen für die Aufgaben suchen:
Familie Meier sucht eine Wohnung (Größe und Höchstmiete ist angegeben), Frau Becker sucht einen VW-Passat oder Audi 80 (Höchstbaujahr ist angegeben), Herr Schmitz sucht Arbeit als Bäcker oder Konditor.

Donnerstag: Elterninterview über Zeitungslesegewohnheiten durchführen.

Freitag: Bericht über den Besuch in der Redaktion verfassen.

SPIELE MIT DER ZEITUNG IN DER PROJEKTWOCHE

1. Zeitungstanz. So lange Musik läuft, tanzt jeder auf einer Zeitungsseite. Diese wird in mehreren Durchgängen immer kleiner gefaltet. Wer beim Stoppen der Musik nicht mehr auf seiner Zeitung steht, scheidet aus.

2. Anzeigen basteln. Ein Schüler notiert, wer etwas sucht oder verkauft, einer schreibt auf, was gesucht oder verkauft wird, ein dritter warum etwas verkauft oder gesucht wird. Dann wird die Anzeige zusammengesetzt, wobei natürlich nichts zusammenpasst.

3. Schlagzeilen merken. Zwei oder mehrere Gruppen prägen sich über eine vereinbarte Zeit die Schlagzeilen einer Doppelseite ein. Dann werden alle erinnerten Dinge notiert. Nur ein Schreiber, dem die anderen der Gruppe diktieren!

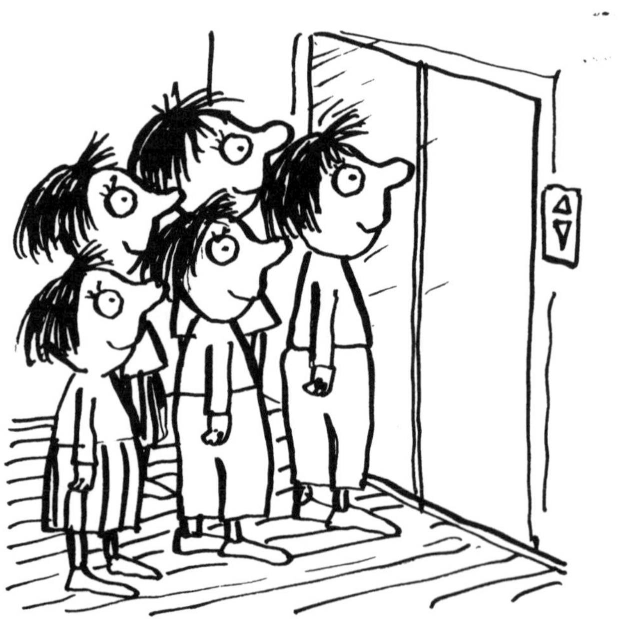

# KOPIERVORLAGEN

Grundsatz 1: Eine Zeitung bringt Neuigkeiten

Unsere Leser möchten Dinge erfahren, die nicht weit zurückliegen. Wir suchen deswegen Berichte und Beiträge aus, die zur Jahreszeit passen. Abgedruckt wird also, was möglichst für alle Leser neu ist und was nicht schon jeder vor Monaten selbst wusste.

Der Bericht über die Klassenfahrt der 4b von letzter Woche passt gut. Er ist aktuell, auch die Information über eine Ausstellung, die die Töpfer-AG plant.
Die Weihnachtsgeschichte zu Ostern lassen wir weg, auch wenn sie sehr schön gelungen ist.

Grundsatz 2: Wir haben sehr verschiedene Leser und bringen für jeden etwas.

Ist für jeden, der unsere Zeitung zu lesen bekommt, etwas drin? Eine Zeitung voller Witze würde langweilig, und was könnte Sabine aus der 1. Klasse mit Kleinanzeigen anfangen?
Wenn wir etwas über unser Hobby schreiben, wen interessiert das?
Wir verteilen unsere Beiträge so, dass jeder von unseren Lesern Freude an unserer Zeitung hat.

Und das sind unsere Lesergruppen:
- ganz junge Kinder aus dem 1. und 2. Schuljahr,
- größere Kinder aus dem 3. und 4. Schuljahr,
- Geschwister ab Klasse 5,
- Eltern,
- Lehrer und Schulnachbarn.

Grundsatz 3: In der Zeitung steht nur, was stimmt.

Haben wir geprüft, ob alles, was wir schreiben auch wirklich so ist? Bei Berichten, Interviews und Informationen darf nichts abgedruckt sein, was unrichtig ist – sei es mit Absicht oder auch deswegen, weil wir nicht gut nachgefragt haben. Wir müssten uns später entschuldigen oder von unseren Lesern sagen lassen, dass wir nicht genau genug arbeiten. Beim Beruf des Redakteurs ist das ein sehr wichtiger Punkt. Damit keine Falschberichte abgedruckt werden, lassen wir unseren Artikel von einem anderen Redakteur lesen und besprechen alles noch einmal in der Redaktionssitzung. Wer etwas ändern muss, ist nicht beleidigt.

Grundsatz 4: Die Schulzeitung kann ein kleines Kunstwerk sein.

Nicht nur das Schreiben ist wichtig. Wir wollen eine Zeitung machen, die wie ein kleines Kunstwerk aussieht. Da darf zum Beispiel die Schrift nicht zu klein sein, es sollen sich Texte und Bilder abwechseln. Die Seitenzahlen sind ebenso wichtig wie anregende und gut lesbare Überschriften, ein Inhaltsverzeichnis und Zeichnungen. Am besten wäre es, wenn manche unsere Schulzeitung so schön finden, dass sie anfangen, die Ausgaben zu sammeln.

## Ich schaffe meinen Artikel nicht rechtzeitig

Sonja wollte einen Artikel für die Schulzeitung schreiben. Sie hatte sich gemeldet, um über die interessanten Sachunterrichtsstunden aus der Ritterzeit in ihrer Klasse zu berichten.

Sonja hatte zwei Wochen Zeit dazu. In der ersten Woche hatte sie es immer aufgeschoben, weil der Abgabetermin ja noch weit weg war. Dann musste sie zum Arzt und am nächsten Tag mit ihrer Tante Kleider kaufen.

Gestern sagte Mutter: „Du übst heute zuerst für das Diktat und morgen für die Mathe-Arbeit. Der letzte Test war eine wackelige Vier. Ich helfe dir beim Üben."

Morgen soll Sonja ihren Artikel abgeben, aber sie hat noch keinen einzigen Buchstaben geschrieben. Beim letzten Artikel in der vorigen Ausgabe ging es ihr beinahe genauso.

Was soll Sonja tun? Gib ihr einen Rat!

## „Das will doch keiner lesen!"

Christian schreibt eine Abenteuergeschichte für die Schulzeitung. Er findet sie selbst spannend und ist stolz, weil sie ihm gut gelungen ist. Er gibt sie seiner Mutter zum Lesen. Die aber meint, er soll noch einmal von vorne anfangen. Das würde doch keiner lesen wollen. Es höre sich so nach Fernsehen an.
Und Oma, die regelmäßig die Schulzeitung liest, meint, sie würde auch lieber etwas anderes lesen.

Was soll Christian tun? Was rätst du ihm?

_____
_____
_____
_____
_____
_____

## Gespräche mit den Nachbarn

Kathrin hat die Aufgabe, drei Nachbarn der Schule die Zeitung zu bringen. Bei Familie Richter, Hausnummer 17 ist niemand zu Hause, meistens. Da steckt sie die Schulzeitung in den Briefkasten.

Herr Meier ist Rentner. Er wohnt der Schule gegenüber, Haus Nr. 20. Jedesmal wenn sie dort klingelt und die Zeitung mit einem freundlichen Gruß von der Schule abgibt, steckt er ihr 3 Euro für die fleißigen Redakteure in die Tasche.

Daneben wohnt Frau Welter, eine ältere Dame mit einem ständig bellenden Dackel. Sie bittet Kathrin herein und erzählt, was ihr in der letzten Ausgabe gut gefallen hat. Dann möchte sie aus ihrer eigenen Schulzeit erzählen. Das dauert meistens lange. Kathrin hat wenig Zeit und der Hund bellt in einem fort, dass man sowieso kaum etwas versteht.

- Sprecht über Kathrins Erfahrungen an den Haustüren!
- Welche Erlebnisse hattet ihr beim Weitergeben der Schulzeitung?
- Wie höflich sollte ein Redakteur sein?
- Könnte man die Zeitung auch mit der Post schicken?
- Sollte sie nicht besser der Schulleiter verteilen?
- Warum sollen Nachbarn die Schulzeitung überhaupt bekommen?

# 10 Regeln für ein Interview

1. Entscheide dich für einen Interviewpartner, der für die Leser interessant ist und der etwas mit der Schule zu tun hat.

2. Frage höflich, ob der Partner zum Interview bereit ist.

3. Vereinbare einen Termin zum Interview.

4. Erkundige dich genauer über den Interviewpartner, damit du dich auf die Fragen vorbereiten kannst.

5. Schreibe die Fragen auf und achte darauf, dass die Antworten über die Person Auskunft geben.

6. Versuche zu den „Allerweltsfragen" noch einige spezielle Fragen zu finden, die den Interviewpartner noch interessanter erscheinen lassen.

7. Vermeide peinliche und dumme Fragen.

8. Frage nicht so, dass der Interviewpartner nur mit ja oder nein antworten kann. Bei Ja- oder Nein-Antworten frage nach und lasse erklären!

9. Lies dem Interviewpartner alle vorbereiteten Fragen vor und frage ihn, ob er dazu antworten möchte.

10. Vergiss nicht, dich für das Interview bei dem Interviewpartner zu bedanken.

## Sprachübung

Christopher hat einen Bericht über einen Besuch im Heizkraftwerk geschrieben. Er war selbst dabei, darum schreibt er in der Wir-Form.
Nun soll es ein Bericht für die Zeitung werden. Christopher muss nun über seine Klasse schreiben, wie ein Reporter es tut – er hat die Klasse 4 c und ihre Erlebnisse beobachtet, aber er gehört nicht dazu.
Beginne so: *Die Klasse 4 c besuchte im Dezember das Heizkraftwerk. ...*

Nicht alle Sätze musst du ändern. Lies zuerst alles durch!

## Besuch der Klasse 4c im Heizkraftwerk

Im Dezember besuchten wir das Heizkraftwerk. Wir waren sehr aufgeregt und gespannt. Zuerst gingen wir in ein Büro, in dem uns drei Männer erwarteten. Wir sprachen über einige Gefahren, die während der Führung auftreten könnten. Die Klasse wurde in drei Gruppen aufgeteilt. Dann ging es los. Als erstes kamen wir an einigen Pumpen vorbei, die etwas Lärm machten. Wir gingen dann eine steile Treppe hoch und kamen zu einem großen Wärmetauscher. Plötzlich standen wir vor der Brennkammer des Heizkessels, der mit Kohle geheizt wird. Die Kohle wird von einem Gummiförderband in die Brennkammer befördert. Es wurde um uns sehr heiß. Wir durften sogar mit einem Schutzschirm in die Flammen des Brennkessels sehen. Durch die Hitze wird eine große Menge Wasser verdunstet, die den angeschlossenen Häusern als Wärme zugute kommt.

## Sprachübung

Hier fehlt eine passende Überschrift (Schlagzeile). Sie kann aus einem Satz über den Inhalt bestehen. Du kannst auch nur ein Wort verwenden.
Die Zeitungsleute nehmen auch manchmal einen Satz aus dem Text!
Versuche alle drei Arten von Schlagzeilen!

_____

_____

_____

Heute war in der Schule ein Feuer-Probealarm. Als Karin gerade die zehnte Matheaufgabe löste und Jan das Wochenplanblatt abheftete, ertönte die Sirene.
In der Klasse 2a erzählte die Lehrerin eben eine spannende Geschichte und ein Klassenlehrer mühte sich verzweifelt damit ab, das Computerprogramm für die Rechtschreibung ans Laufen zu kriegen.
Alle stellten sich ganz schnell auf. Die Lehrerinnen und Lehrer zählten die Kinder, schlossen die Fenster, schnappten sich die Klassenlisten und gingen zügig nach draußen, wo es schon von Kindern wimmelte.
War da irgendwo Rauch? Nein, es war alles zur Probe. Das muss zweimal im Jahr sein! Jetzt geht der Unterricht weiter.

## Hast du Fantasie?

Mache aus diesem Lückentext eine Super-Reporter-Geschichte für die Zeitung! Mach dir hier Notizen. Schreibe dann den ganzen Text in dein Heft.

Drunter und drüber!

Gestern abend um ___ Uhr ging in der _____schule plötzlich das Licht an. Der Hausmeister war _____ .

Das Geräusch, das aus _____ kam, hörte sich wie _____ an.

Zuerst dachten die Nachbarn an _____ .

Aber das war doch nicht so _____ . Herr _____, dessen Wohnung genau _____ der Schule liegt, rief als erster den _____ an. Als endlich nach _____ _____ eintraf, wimmelte es schon in allen Räumen von _____ . Sie waren sehr _____ anzusehen und _____ wie wild drauf los. Leider konnten _____ nichts davon sehen und hörten nur _____ .

# Nur Schlagzeilen!

Es fehlt zu jeder Schlagzeile der Bericht. Schreibe jeweils in den Kasten!

## Schon wieder eine Scheibe an der Schultür zu Bruch!

## Klasse 3 a bekommt den Umweltpreis

## Bürgermeister stiftet einen Kletterturm für den Schulhof

## Text kürzen

Uygar und Lisa haben über die Umwelt-Arbeitsgemeinschaft einen Artikel geschrieben. Leider ist nur noch wenig Platz in der Schulzeitung. Sie können höchstens 4 Sätze abdrucken! Hilf den beiden ihren Artikel zu kürzen. Welche 4 Sätze würdest du übernehmen? Unterstreiche sie!

# Umwelt-AG

Unsere Umwelt-AG ist auch gleichzeitig eine Arbeitsgemeinschaft für das Werken, wenn im Schulgarten nicht so viel zu tun ist. Dann bauen wir tolle Sachen, zum Beispiel einen Drachen. Zu Hause haben wir ihn gleiten lassen. Er fliegt sehr schön. Jetzt bauen wir ein Holzflugzeug. Das wird auch sehr schön. Wir haben es fast fertig. Letzten Dienstag gingen wir in den Schulgarten. Wir haben dort gearbeitet. Herr Rode hat uns viel über den Schulgarten erzählt. Die Umwelt-AG macht uns viel Spaß. Wir haben die Wege aufgeräumt. Im Sommer pflegen wir die Beete. Wir müssen auch Unkraut ausziehen. Und jetzt bekamen die Wege eine Lage Rindenmulch.

Lisa und Uygar

# Wortschatzübung

Holger und Vera schreiben für die Schulzeitung einen Krimi. Darin kommt ein Dieb, eine Frau mit einem schweren Koffer, eine feine Dame und ein Schulkind vor, das gerade auf dem Weg zur Schule ist. Als sie fertig sind, schütteln sie den Kopf: Da kommt ja zwölfmal das Verb 'gehen' vor! Es gibt treffendere Verben. Hilf Holger und Vera beim Aussuchen.

Dieb:

Schulkind:

Frau mit Koffer:

feine Dame:

Wörter für gehen

**schlendern, schleichen, trödeln, bummeln, rasen, flitzen, spazieren, eilen, hasten, stolpern, tippeln, waten, rennen, fliehen, stürmen, wandern, hetzen, trotten, taumeln, marschieren, humpeln, wanken, hüpfen, sausen, huschen, laufen, schreiten, tapsen**

Was passt zu wem?

Name:                    Datum:                  Kopiervorlage

# Wortschatzübung

Heute ist der letzte Schultag vor den Ferien. In der Klasse herrscht sehr unterschiedliche Stimmung: Jochen ist froh und glücklich (☺), er darf morgen mit Franz ans Meer fahren, Jessica weiß, dass sie ihre Freundin Anja nun lange nicht sieht und ist unzufrieden (😐), Dirk ist richtig wütend (☹), weil er umzieht und in eine andere Schule muss. Alle reden miteinander. Was die Kinder s a g e n , kann man mit ganz verschiedenen Verben ausdrücken!

Ordne die Verben, die zu Jochen, Jessica und Dirk passen!

## sagen:

meckern, jammern, brüllen, schimpfen, jubeln, murren, fluchen, lachen, meckern, johlen, kichern, stöhnen, schreien, trösten, lästern, jauchzen, scherzen, heulen, seufzen, sich freuen

☺

😐

☹

# Themen- und Redaktionsplan

| Thema | Redakteur/in | Abgabe bis | Erledigt | Bemerkung |
|---|---|---|---|---|
| | | | | |
| | | | | |
| | | | | |
| | | | | |
| | | | | |
| | | | | |
| | | | | |
| | | | | |
| | | | | |
| | | | | |
| | | | | |
| | | | | |
| | | | | |
| | | | | |
| | | | | |
| | | | | |
| | | | | |
| | | | | |
| | | | | |
| | | | | |
| | | | | |
| | | | | |
| | | | | |
| | | | | |
| | | | | |
| | | | | |
| | | | | |
| | | | | |
| | | | | |
| | | | | |
| | | | | |
| | | | | |

# Alle Leser-Interessen berücksichtigt?

| Geplante Themen: | Kinder 1.–2. Schuljahr | Kinder 3.–4. Schuljahr | Eltern | Lehrer | Nachbarn |
|---|---|---|---|---|---|
| Malseite | X | | | | |
| Rätsel | | X | | | |
| Schulhofbemalung | | | X | X | X |
| | | | | | |
| | | | | | |
| | | | | | |
| | | | | | |
| | | | | | |
| | | | | | |
| | | | | | |
| | | | | | |
| | | | | | |
| | | | | | |
| | | | | | |
| | | | | | |
| | | | | | |
| | | | | | |
| | | | | | |
| | | | | | |
| | | | | | |
| | | | | | |
| | | | | | |
| | | | | | |
| | | | | | |
| | | | | | |
| | | | | | |
| | | | | | |

Jeder Leser soll angesprochen sein!

In jeder Spalte sollte mindestens ein Kreuzchen stehen!

# Urkunde
# für den Schulzeitungsredakteur
## Emrullah Ünal

Immer wenn ein Schuljahr zu Ende geht, heißt es auch von fleißigen Redakteuren der Schulzeitung Abschied nehmen.

Diesmal müssen wir uns von Emrullah Ünal trennen, weil er eine weiterführende Schule besucht. Er war zwei Jahre unser Redakteur und hat gelernt, wie man eine gute Schulzeitung macht. Seine spannenden Geschichten haben viele Leser erfreut.

Jetzt wünschen wir ihm alles Gute und Erfolg in der neuen Schule – und vielleicht wird er einmal ein richtiger Redakteur.

# ANHANG

### Die Schulzeitung – ein Baustein im Schulprogramm

Wer eine Schulzeitung herausgibt, sollte nicht vergessen, diesen wichtigen Teil des Schullebens und der Arbeit in der Schule im Schulprogramm festzuschreiben. Nachstehende Texte können gut ins Schulprogramm übernommen werden:

DOKUMENTATION
Durch das regelmäßige Erscheinen der Schulzeitung lässt sich etwas Ähnliches wie eine Schulchronik erstellen. Wichtige Ereignisse in der Schule werden nicht nur aufgezählt, sie können mit Kommentaren und Zeitungsbildern ergänzt und aufbereitet werden – und das Wichtigste: Oft stammen sie aus der Feder von Kindern.
Wer die Ausgaben sammelt, kann die Entwicklung der Schule verfolgen.

ECHTE AUFGABENTEILUNG
An der Schulzeitung arbeiten Eltern, Schüler und Lehrer mit. Das macht das Blatt interessant. Verschiedene Sichtweisen, Schreibanlässe, Schreibstile und Anliegen kommen zur Sprache. Die Redaktionsleitung sorgt für Ausgewogenheit der Anteile. Diese echte Aufgabenteilung mit gleichberechtigten Partnern lässt sich auf eine Schule insgesamt verteilt kaum mit einem anderen Mittel über längere Zeit hinweg erreichen.

ÖFFNUNG VON SCHULE
Die Schulzeitung ist ein hervorragendes Beispiel für das pädagogisch geforderte Ziel, die Schule zu öffnen. Viele lesen „in die Schule hinein". Aufmerksamkeit und Verständnis für schulische Belange werden weit über die Grenzen dessen, was die engere Schulgemeinde ausmacht, erreicht. Umgekehrt gelingt es zu zeigen, wie eine Schule in ein Gemeinwesen mit vielen außerschulischen Berührungspunkten (z.B. Verkehrssicherheit der Kinder, Umweltschutzbemühungen, Bebauungsplanungen etc.) eingebettet ist.

MOTIVIERTE ELTERNARBEIT
Wenn die Redaktionsleitung nicht nur in der Hand von Lehrern, sondern gleichberechtigt auch bei den Eltern liegt, bedeutet es, dass es eine Aufgabe an der Schule gibt, die echte Mitarbeit darstellt. Mitarbeitende Eltern tragen pädagogische Verantwortung und nehmen auch pädagogisch-didaktische Aufgaben wahr.

### KLASSEN- UND JAHRGANGSÜBERGREIFENDES PROJEKT

In der Schulzeitungsgruppe kann mitmachen, wer Lust dazu hat. Dies ermöglicht eine breite Streuung der Beteiligten. Zweitklässler eignen sich für diese Aufgabe schon recht gut, und im vierten Schuljahr fühlt sich mancher schon als „ausgewachsener Schulzeitungsjournalist". Auch jüngere Kinder werden mit ihrem Beiträgen ernst genommen und erfahren nach ihren Möglichkeiten Wertschätzung.

### NICHT NUR SCHREIBKÜNSTLER

Nicht immer gibt es für jeden Redakteur etwas zu schreiben. Mancher entdeckt gar sehr viele andere Fähigkeiten und wird bei der Herstellung der Zeitung aktiv. Das Projekt ist neben dem Schreiben auch auf viele praktische Begabungen angewiesen.

### JOURNALISTISCHER HINTERGRUND

Immer ist auch das „große Vorbild Zeitung" präsent. Man orientiert sich an unzähligen Kleinigkeiten, wie Zeitung gemacht wird: Lesbarkeit, Aktualität, Layout, Schreibstil etc. Dabei sind Kontakte zur örtlichen Presse eine große Hilfe.

### UMGANG MIT SPRACHE

Es findet ein lebendiger Sprachunterricht statt. Die Leistung des Projekts auf diesem Gebiet ist besonders wertvoll. Jedem Schülerredaktionsmitglied sind die Textsorten bekannt: der Bericht über ein Ereignis, der Sachtext, das Interview mit dem neuen Lehrer, das Nikolausgedicht als lyrischer Beitrag, die Fantasiegeschichte usw. Dabei werden auch Rechtschreibprobleme diskutiert und ein Artikel vom Leserbedürfnis her beleuchtet und .... und ... und ...

**Bezugsquellen und Literatur zur Schulzeitung**

**1. Illustrationen**

VERSANDFIRMEN FÜR MOTIVSTEMPEL (Kataloge anfordern!)

a) Heindesign – Bei Stempels, Eilper Straße 6, 58091 Hagen
   Tel.: 02331-72211   Internet: www.heindesign.de

Auf den Internetseiten gibt es umfassende Auskünfte über das Stempel-Mekka, Europas größte internationale Stempelmesse in Hagen jedes Jahr im September.

b) MM Siniaro/Stuttgarter Stempel Paradies
   Christophstraße 4, 70178 Stuttgart, Tel.: 0711-6079719
   Internet: www. stempelparadies.de

c) Stempel-Galerie, Weidkamp 118, 45355 Essen
   Tel.: 0201-619961

KOPIERVORLAGEN

Gilbert Kammermann, Das schnittige Schnipselbuch
Verlag die neue schulpraxis, St. Gallen
Tel.: 071-272 73 39   E-Mail: Leserservice@Zollikofer.ch

Susanne Schunck, Schmuckblätter für die Grundschule.
Kopiervorlagen. Verlag Margot Herbert, Reutlingen

(Dies ist nur eine kleine Auswahl an Materialien – Angaben ohne Gewähr. Bitte die Urheberrechte beachten!)

**2. Pressedienst für Schüler- und Jugendzeitungen/ jugend presse informationen – jugend presse kongresse, Kottenforststraße 20, 53340 Meckenheim**

Internetseiten: Holger Schwichtenberg
http://hs.ejp.de/jugendpresse/tips

## Begriffe aus dem Pressewesen

| | |
|---|---|
| **Autor, Autorin** | Urheber eines Werkes der Musik, Kunst, Fotografie, Filmkunst, besonders aber der Literatur. |
| **Urheberrecht** | Recht, über die eigenen schöpferischen Leistungen (Text, Zeichnung usw.) allein zu verfügen. Das Urheberrecht steht dem Autor zu, es ist nicht übertragbar. |
| **Copyright** | Vervielfältigungsrecht, welches der Autor einem Verleger einräumt; in der Regel gegen Bezahlung eines Honorars. Zeichen: © |
| **Redakteur, Redakteurin** | Eine Person, die selbstverantwortlich für eine Zeitung oder Zeitschrift, für Rundfunk oder Fernsehen Beiträge auswählt, bearbeitet oder (und) selbst schreibt. |
| **Redaktion** | Die Gesamtheit der Redakteure oder auch die Räumlichkeiten, in welchen die Redakteure arbeiten. |
| **Journalist, Journalistin** | Jemand, der als freier Mitarbeiter oder auch als Mitglied der Redaktion Artikel schreibt oder Fotos macht. |
| **Leitartikel** | Ein Artikel, der in der Zeitung an bevorzugter Stelle steht und ein Geschehen kommentiert. |
| **Kommentar** | Kritische Stellungnahme zu einem aktuellen Ereignis oder Thema in der Presse. Der Kommentar muss gekennzeichnet sein, dass er sich als Meinung erkennbar von Nachrichten unterscheidet. |
| **Schlagzeile** | Durch große Buchstaben hervorgehobene, besonders auffällige Überschrift eines Beitrages auf der ersten Seite der Zeitung. |
| **Auflage** | Gesamtzahl der auf einmal gedruckten Exemplare. |
| **Rubrik** | Spalte, in die etwas nach einer festgelegten Ordnung eingetragen wird; Kategorie, die sich in jeder Ausgabe wiederholt. |
| **Impressum** | Vermerk über den Verleger des Druckwerks, den Drucker und die Redaktion; Hinweise zum Copyright. |

**Michael – Ende – Schule**
▫ **Gemeinschaftsgrundschule** ▫

```
Schulzentrum
Ratheim
Wallstraße 60
41836 Hückelhoven
Tel: 02433/965010
Fax: 02433/965020
E-Mail:
mes.ratheim@t-online.de
```

Homepage:
http://home.t-online.de/home/mes.ratheim

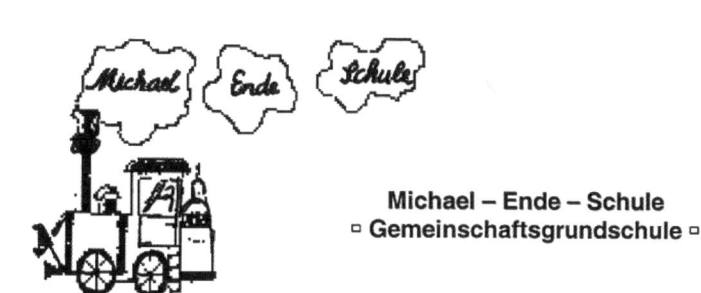

Ratheim, den 13.6.2000

## ELTERNBRIEF JUNI 2000

**Liebe Eltern!**

Das Schuljahr 1999/2000 geht zu Ende. In 40 Schulwochen haben wir versucht, die Kinder an die angestrebten Lernziele heranzuführen. Es war ein gutes Lernjahr mit manchen Erfolgen.

Einen herzlichen Dank möchte ich für die gute Zusammenarbeit zwischen Elternhaus und Schule aussprechen, mich im Namen der Schule bedanken für Ihre fleißige und engagierte Mitarbeit bei sehr vielen, vielen Gelegenheiten im Schulalltag, in der Bücherei, in den Mitwirkungsgremien, in der Betreuung, in der Schulzeitung, bei Klassenfahrten, den Bundesjugendspielen und ...und... Wenn Eltern sich einbringen, gelingt Schule, und die Arbeit macht Freude.

### Abschied

64 Jungen und Mädchen verlassen nach 4 Grundschuljahren unsere Schule. Allen wünschen wir einen guten Übergang in die neue Schule, ein schnelles Einleben und verständnisvolle Lehrer, neue Freunde und ein sicheres Erreichen der angestrebten Ziele. Viel Erfolg und Glück!

Einige von Ihnen, liebe Eltern, gehören dann auch nicht mehr zu unserer Schulgemeinde. Wir bedanken uns für das Vertrauen, das Sie zu uns hatten und für das gute Miteinander in der zurückliegenden Zeit. Und wir hoffen, dass Sie die Michael-Ende-Schule Ratheim in guter Erinnerung behalten. Am letzten Schultag verabschieden wir unsere „Großen" in einem ökumenischen Gottesdienst.

### Bundesjugendspiele

Wir haben Freitag, 16. Juni für die Bundesjugendspiele in diesem Jahr festgelegt. Alle Klassen nehmen daran teil. Wir beginnen um 7.50 Uhr in den Außensportanlagen. Wann jede Klasse an diesem Tag zur Schule kommt und wann sie nach Hause geht, erfahren Sie vom jeweiligen Klassenlehrer. Betreuungskinder bleiben bis 13.05 Uhr in der Schule.

Für jede Klasse brauchen wir unbedingt **2 Helferinnen oder Helfer** und bitten die Eltern, die zeitlich können, um Meldung bei den Klassenlehrern (bitte möglichst umgehend). Auch Zuschauer sind herzlich willkommen.

### Zeugnisse

Die Klassen 3 und 4 erhalten ihre Zeugnisse am letzten Schultag vom Klassenlehrer ausgehändigt. In den 1. und 2. Schuljahren erfolgt die Ausgabe im Rahmen eines Elternsprechtages am Montag, 26. Juni. Bitte benutzen Sie die Terminlisten an den Klassentüren.

Für die 1. und 2. Schuljahre ist an diesem Tag kein Unterricht.

**Der letzte Schultag in diesem Schuljahr ist Mittwoch, der 28. Juni. Wir schließen den Unterricht nach der 3. Stunde (10.30 Uhr)**

### Schulbuchbestellung

Die Klassen 1-3 erhalten eine Liste mit dem Buch, das die Eltern als festgelegten Elternanteil besorgen oder bezahlen müssen. Wir bitten Sie, sich an der Sammelbestellung der Schule zu beteiligen. (Beim Klassenlehrer/in bis spätestens 23.6. – Mathematikbuch „Welt der Zahl")

### Prüfungen

Frau Fleißig* und Frau Gründlich*, unsere Referendarinnen beginnen in dieser Woche mit dem ersten Teil ihrer praktischen Unterrichtsprüfungen. Wir wünschen viel Erfolg!

Frau Fähig* hat ihre Prüfung als Schulleiterin mit sehr gutem Erfolg bestanden. Herzlichen Glückwunsch!

*Namen natürlich geändert!!*

### Unterricht nach den Ferien

Am 1. Schultag (14. August) ist für die Klassen 2-4 Unterricht von 7.50 Uhr bis 11.15 Uhr.

### Zu verkaufen

Es gibt eine nagelneue CD mit Witschi-Geschichten von Herrn Ortmanns für 9 DM (bei Herrn Ortmanns zu haben).

Unsere Bienen waren fleißig. Auch der Honig der neuen Ernte ist für 7,50 DM im 500gr. Glas im Büro erhältlich.

**Recht frohe Ferien, gute Erholung und schöne Erlebnisse wünschen Ihnen, liebe Eltern und Ihren Kindern**
**R. Müller und das Kollegium der Michael-Ende-Schule Ratheim.**

# „Lendersdorfer Traumfabrik" im Stolz Verlag

Stolz Verlag, Schneidhausener Weg 52, 52355 Düren, Tel. (02421) 5 79 79

## Deutsch

**Geschichten zum Weiterdichten**
3.- 5. Sj.                           Best.-Nr. 040

**Aufsatz-Trainer** 3.- 5. Sj. Best.-Nr. 066

**Am Ende des Regenbogens**
Stundenbilder Aufsatz mit Kopiervorlagen
für GS;                              Best.-Nr. 073

**Die Aufsatzstunde** ab 5. Sj.
Stundenbilder zur Unterrichtsvorbereitung
Band 1: **Erzähltexte**     Best.-Nr. 064
Band 2: **Sachtexte**       Best.-Nr. 065

**Aufsatz- u. Wortschatzübungen**
3. bis 5. Schuljahr          Best.-Nr. 139

**Der Schneemann im Kühlschrank** (Bildergeschichten)
                             Best.-Nr. 143

**Mini-Bildergeschichten** ab 2. Sj.
Wortschatz erweitern         Best.-Nr. 144

**Iva und Peter** ab 2. Sj.
Lustige Bildergeschichten    Best.-Nr. 145

**Knack den Satzkern!** ab 3. Sj.
Satzteilbestimmung           Best.-Nr. 099

**Rechtschreiben u. Grammatik**
Förderunterricht für 5./6. Sj. Best.-Nr. 070

**Satzbau Blödelmeister**
Grammatik-Spiel              Best.-Nr. 162

**Workshop Grammatik** 5./7. Sj.
Verben                       Best.-Nr. 170
Substantive                  Best.-Nr. 171
Adjektive                    Best.-Nr. 172
Zeichensetzung               Best.-Nr. 173
das oder dass                Best.-Nr. 174

**Grammatik Grundwissen**
ab Ende 3. Schuljahr, Orientierungsstufe
Band 1: **Wortlehre**       Best.-Nr. 060
Band 2: **Satzlehre**       Best.-Nr. 061

## Lesetraining

Das **Original-Lesetraining** von Karin Pfeiffer
1. Schuljahr                 Best.-Nr. 031
2. Schuljahr                 Best.-Nr. 032
3. Schuljahr                 Best.-Nr. 033
4. Schuljahr                 Best.-Nr. 034
5. Schuljahr                 Best.-Nr. 035
6. Schuljahr                 Best.-Nr. 036
7. Schuljahr                 Best.-Nr. 037

**Da haben wir den Wortsalat**
Sachtexte zum Zerschnipseln, große Schrift;
besonders für Nachhilfe und FÖ ab 1. Sj.
                             Best.-Nr. 161

## Lektüren

**Die kleine Maus**
Geschichten für Erstleser mit Schreiblinien
                             Best.-Nr. 114

**Wie die Katze zum K kam**
Eine lustige und spannende Geschichte;
Erstleseheft zum Mitmachen; Best.-Nr. 181

**Mufti, der kleine freche Dino**
Erstleseheft zum Mitmachen; Best.-Nr. 182

NEU-NEU-NEU-NEU-NEU-NEU-NEU-NEU
**Traumfabrik-Literaturblätter**
Ergänzendes Übungsmaterial zur Lektüre:

**Der Findefuchs** 2. Schuljahr
DIN A 4-Heft, 24 Seiten     Best.-Nr. 028

**Der Buchstabenvogel** 1. Schuljahr
DIN A 4-Heft, 24 Seiten     Best.-Nr. 184

**Igel komm, ich nehm dich mit**
ab 2. Schuljahr              Best.-Nr. 185

## Rechtschreiben

**„5-Minuten-Diktate"**
Beim Üben mit diesen Heften fassen auch
rechtschreibschwache Schüler wieder Mut.

2. Schuljahr                 Best.-Nr. 017
3. Schuljahr                 Best.-Nr. 018
4. Schuljahr                 Best.-Nr. 019
5. Schuljahr                 Best.-Nr. 020
6. Schuljahr                 Best.-Nr. 021
7. Schuljahr                 Best.-Nr. 052

**Die besten Schmunzeldiktate**
Grundschule                  Best.-Nr. 011

**Die besten Schmunzeldiktate**
ab 5. Schuljahr              Best.-Nr. 014

**Zwillingsdiktate** 2. – 6. Sj.
Ein Text zum Üben, einer zum Prüfen!
                             Best.-Nr. 015

**Lauter lustige Rechtschreibgeschichten** ab 2. Sj.   Best.-Nr. 071

**Ganz, ganz leichte Kreuzworträtsel Deutsch**  Fördern
                             Best.-Nr. 097

**Lustige Kreuzwortspiele zur Rechtschreibung**
3. Schuljahr                 Best.-Nr. 023
4. Schuljahr                 Best.-Nr. 024
5. Schuljahr                 Best.-Nr. 025

## Englisch

**All about me**
Englisch in der Grundschule  Best.-Nr. 056

**Let's Go Shopping**
Bastelsatz für lustiges Englisch-Quartett
                             Best.-Nr. 191

**Right or Wrong?**
Kurze Lesetexte mit Richtig-Falsch-Aussagen; ab 2. Lernjahr  Best.-Nr. 190

**Englisch lernen mit gezeichneten Witzen** ab 2. Lernj.
Auch zum selbständigen Lernen geeignet;
                             Best.-Nr. 250

## Mathematik

**Schmunzelmathe Textaufgaben**
Schritt für Schritt; mit Lösungen;
1./2. Schuljahr              Best.-Nr. 094
3./4. Schuljahr              Best.-Nr. 095
5./6. Schuljahr              Best.-Nr. 096

**Willi-Maus im Zahlenhaus**
ab 2. Sj.;                   Best.-Nr. 098

**Die Einmaleins-Maus im Hunderterhaus** ab 2. Sj.
                             Best.-Nr. 710

**Fünf vor zwölf**  Uhrzeittrainer
                             Best.-Nr. 041

**5-Minuten-Training Mathe Grundrechenarten** ab 5. Sj.
                             Best.-Nr. 153

**Bruchrechnen I**
Grundlagenübungen, systematisch
                             Best.-Nr. 154

**Rechnen mit Dezimalbrüchen**
Übungen mit Selbstkontrolle
                             Best.-Nr. 158

**Kopfrechnen 5. Klasse**
Grundrechenarten mit Selbstkontrolle
                             Best.-Nr. 155

**Kopfrechnen 6. Klasse**
Grundrechenarten mit Selbstkontrolle
                             Best.-Nr. 156

**Geometrische Übungen GS**
Übungen mit Selbstkontrolle, ab 3. Sj.
                             Best.-Nr. 121

**Übungen Geometrie** ab 5. Sj.
Basiswissen für die Orientierungsstufe
                             Best.-Nr. 168